Bianca Pitzorno

MANUALE DEL GIOVANE SCRITTORE CREATIVO

Con le piú belle foto dell'album di Prisca Puntoni

Illustrazioni di Antongionata Ferrari

MONDADORI

Sommario

L'Autrice e l'Editore ringraziano Antongionata Ferrari che, per le foto dell'album di Prisca Puntoni, ha accettato di ispirarsi alle illustrazioni di Quentin Blake per *Ascolta il mio cuore*.

Copertina: illustrazione di Antongionata Ferrari - grafica di Fernando Ambrosi

ragazzi.mondadori.com

Redazione di Maria Vittoria Chiaramonti - Grafica di Franco Morati
Prima edizione maggio 1996
Quinta ristampa ottobre 2003
Stampato presso le Artes Graficas Toledo S.A., Toledo (Spagna) - Gruppo Mondadori
ISBN 88-04-52321-2

Si potrà anche decidere che è il diminutivo di **PECHERA,** uno speciale tegame per cuocere lo stufato di cinghiale. La **PECHERONZA** è il tipo piú piccolo, portatile, da usarsi durante i bivacchi.

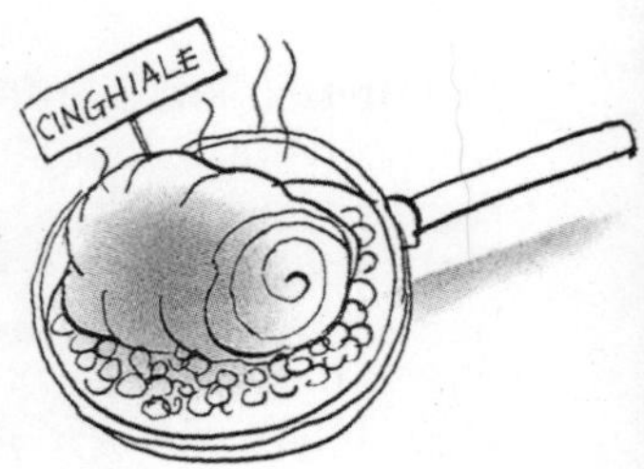

Quanto alla **SINCHERAGLIA**, forse è qualcosa che ha a che fare con i treni di montagna, con le cremagliere. Un dispositivo che impedisce ai vagoni di deragliare.
Oppure è un albero esotico, dalle foglie madreperlacee. D'autunno, quando il vento le sbatte l'una contro l'altra, le foglie secche della **SINCHERAGLIA** fanno un rumore come di nacchere.

O ancora può trattarsi di un tipo di menzogna particolarmente odiosa, il contrario della sincerità, un dispregiativo, come gentaglia, accozzaglia, marmaglia. «Su, non dire bugie! Non so che farmene delle tue sincheraglie!»

Questi non sono che suggerimenti. Magari per voi **PECHERONZA** e **SINCHERAGLIA** vogliono dire qualcosa di completamente diverso. Scrivete qua sotto tutte le idee che i suoni vi suggeriscono.

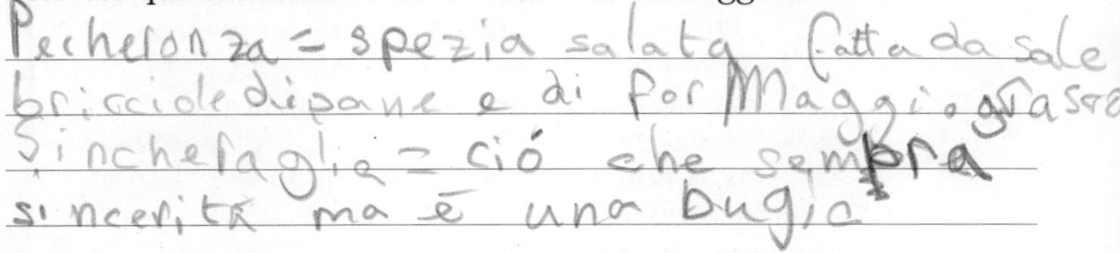

Se capovolgete la pagina e scoprite cosa volevano dire esattamente, forse resterete delusi. La realtà qualche volta è meno interessante dell'immaginazione.

Lape che ronza.
Lasin che raglia.

L'equivoco sul significato di queste parole deriva dal fatto che mentre scrivendo facciamo bene attenzione a tenere le parole separate fra loro, parlando le pronunciamo spesso una di seguito all'altra. Chi ascolta, separa di nuovo le parole e se non ha sentito o capito bene, può farlo in modo diverso dall'intenzione di chi parlava.

Cosa vorrà dire **OCHELAMENTEVOLI**?
OCHE LAMENTEVOLI, oppure l'esclamazione
O, CHE LA MENTE VOLI!

Da queste scomposizioni e ricomposizioni derivano per il G.S.C. molti stimoli divertenti.

Telefono alla mia amica Elisa e le chiedo:
«Ti disturbo? Stai facendo qualcosa d'importante?»
«Oh, no» risponde. «Sono qui sola sola che rumino qualmucca.»

A questa parola le nostre antenne creative dovrebbero drizzarsi. Cosa sarà mai la **QUALMUCCA**, questo cibo che non abbiamo mai sentito nominare?
Invece di chiedere spiegazioni all'amica, cerchiamo di ricostruirlo nella nostra mente.
Il suono ci fa pensare ai calmucchi, popolazioni asiatiche dagli occhi a mandorla e dagli zigomi sporgenti. Deve trattarsi quindi di un cibo esotico, originario di un paese freddo.
Visto che la ricetta non esiste, proviamo a inventarla noi, pescando nei cassetti della nostra memoria tutto quello che sappiamo dell'alimentazione e delle abitudini delle popolazioni dei paesi freddi.
Ne verrà fuori pressappoco una ricetta cosí:

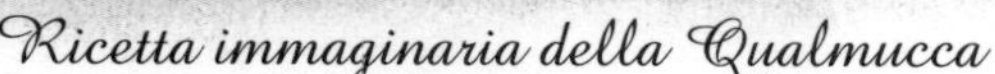

Ricetta immaginaria della Qualmucca

Si tratta di un paté gelatinoso, che si ottiene soffriggendo lentamente a fuoco bassissimo in grasso di balena o di tricheco, cipolle baltiche fatte precedentemente marinare per tre mesi in licheni polari pestati nel mortaio con succo di melograno.
Quando la gelatina di cipolle raggiunge la consistenza di una melassa, la si lascia raffreddare, poi si affetta in dischi spessi tre o quattro centimetri e si conserva in barili, sistemando tra una fetta e l'altra un ciuffo d'alghe del Mar Morto sbollentate in acqua zuccherata. I barili di Qualmucca vengono esportati facendoli galleggiare lungo i fiumi del Nord.
Se conservata in cantina all'asciutto e al fresco, la Qualmucca in barile chiuso si conserva anche settant'anni. Il grasso che affiora alla superficie del paté durante la fase d'invecchiamento deve essere schiumato almeno ogni sei mesi, e si può conservare a parte in cartocci di corteccia di betulla. È un ottimo rimedio per curare i geloni ai piedi provocati dagli stivali bucati nell'attraversamento del pack.

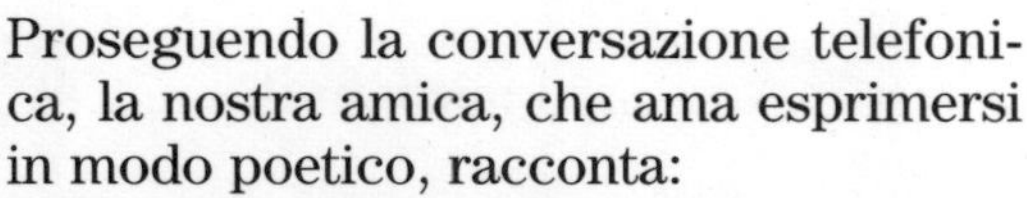

Proseguendo la conversazione telefonica, la nostra amica, che ama esprimersi in modo poetico, racconta:
«La mia povera nonna se l'è vista brutta. Mentre stava mangiando strangolossi, il cibo le si bloccò nell'esofago e dovette cacciarsi un dito in gola per non soffocare.»

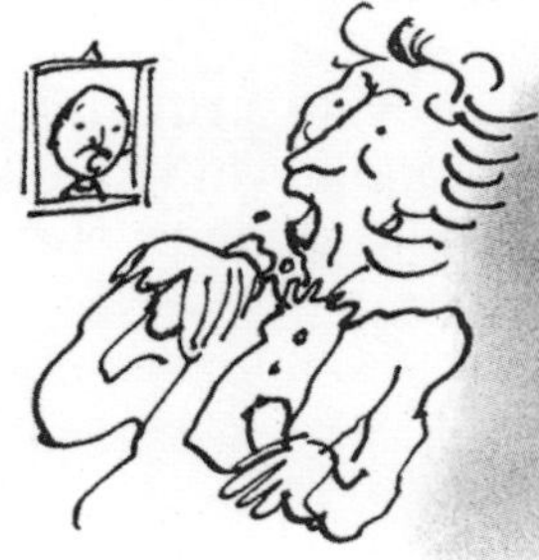

La storia è senza dubbio drammatica e commovente, povera nonnetta. Ma ciò che piú colpisce il G.S.C. è il nome del cibo all'origine della mancata tragedia. Cosa saranno gli **STRANGOLOSSI**? Dei biscottini particolarmente secchi e rasposi di origine emiliana? Di quelli che per inghiottirli bisogna assolutamente berci insieme del latte o del vin dolce? Oppure dei maccheroncini ritorti come gli strangolapreti? O degli ossibuchi cucinati in modo speciale?

Purtroppo in entrambi i casi la soluzione è piú banale. L'equivoco è nato dall'abitudine di Elisa di parlare in modo poetico. Quando le abbiamo telefonato, stava mangiando una semplice insalata, e la ruminava "qual mucca", cioè come una mucca che rumina l'erba.

Raccontando poi le peripezie della nonna, Elisa ha dimenticato una virgola e ha usato una costruzione poetica e antica: "Mentre stava mangiando, strangolossi", cioè "si strangolò".
Però i due equivoci sono serviti egregiamente al G.S.C. per fare un bel po' di esercizio.

Adesso provate a riflettere su questi sei verbi: io miro, tu tiri, egli sira, noi ciriamo, voi virate, essi sirano.
Qualcuno lo riconoscete, ma gli altri cosa diamine potranno voler dire?

Risposta:
sono le voci del tempo presente del verbo "irarsi".

ESERCIZIO

Un esercizio molto divertente è quello di creare delle parole completamente nuove, mettendo insieme dei suoni che ci piacciono ma che FINORA non hanno nessun significato, e non sono nemmeno modificazioni involontarie di altre parole, come quelle esaminate nelle pagine precedenti.
È un'operazione che ogni G.S.C. farà a modo suo, secondo il suo gusto e il suo orecchio musicale.

Queste che suggeriamo qua sotto sono unicamente un esempio di come si possono inventare delle parole nuove, per attribuire loro un significato e creare cosí una nuova lingua.

agetilla ____
anzore ____
asbotle ____
asbumo ____
blombla ____
bonfleio ____
ciridiosa ____
dlindo ____
dusgario ____
elafone ____
espundro ____
erublao ____
falcumio ____
frusconte ____
gremildo ____
grospio ____
gurglo ____
ianzinia ____
ipud ____
isaple ____
ivedrosto ____
legronzio ____
liesa ____
lusistre ____
morgla ____
nussalia ____
odundo ____
oldargo ____
oppa ____
palistrefo ____
quimma ____
ristula ____
spamira ____
tiva ____
torgame ____
uavindo ____
udacella ____
ufrolacca ____
umaste ____
ussi ____
vasteila ____
zaddo ____
zinglea ____
zorolata ____

Cominciamo dalla prima parola: AGETILLA. Cosa sarà un'agetilla? Un utensile per cucinare? Una ciotola dove agitare il condimento per l'insalata? Oppure un capo di vestiario? (Stasera mi metto l'agetilla blu.)

O un tipo di pianta aghifoglia? Decidete voi, perché fino a questo momento la parola è "vuota", priva di qualunque significato, e quindi può voler significare qualunque cosa, purché voi lo decidiate.

Dopo aver deciso cos'è un'agetilla, continuate con le altre parole, fino a completare l'elenco.

Poi, se volete, da questi stessi suoni ricavate dei verbi. Ricordate che per riconoscerli, nei brani che comporrete nella nuova lingua, dovrete coniugarli come i verbi italiani, distribuendoli tra quelli in are, in ere e in ire.

Dopo di che potete attaccare con gli aggettivi e con gli avverbi.

Scrivete, insomma, in un quadernetto apposito tutte le parole che vi possono servire, in modo da avere una specie di dizionario completo del vostro nuovo linguaggio. Vi potrà servire per scrivere dei messaggi segreti al vostro "amico di penna".

Lezione n. 5

Miscellanea di acrostici

In questa lezione imparerete a inventare delle frasi divertenti, quasi dei brevissimi racconti, usando una tecnica che si chiama ACROSTICO. L'acrostico è una frase (o un insieme di frasi collegate fra loro) composta da una serie di parole che iniziano con le lettere di una parola base.

Prendiamo come esempio la parola piú semplice della nostra lingua: MAMMA.

Poi (usando la matita, perché bisognerà cancellare molte volte prima di ottenere un risultato soddisfacente), per ogni lettera si cercano delle parole nuove, che messe di seguito compongano una frase di senso compiuto.

Si comincia a scrivere in colonna le lettere che la compongono:

M________
A________
M________
M________
A________

Poi si sceglie per ogni lettera una parola che, unita alle altre, formi una frase di senso compiuto.

M olto
A ffettuosa
M escola
M inestre
A romatiche

Il significato si può riferire direttamente alla parola di partenza.

M i
A mmonisce
M entre
M i
A rrampico

Però non è necessario che il significato si riferisca alla parola base. Si può tranquillamente parlare d'altro.

Qui Gabriele è riuscito a fotografare Filippo un attimo prima che cadesse... Invece di correre a salvarlo. Che fratello snaturato!

M agari
A vessi
M ille
M iliardi.
A vido!

M acellaia
A ffamata
M angia
M olte
A cciughe

M erli
A
M igliaia
M i
A ssalgono

Passiamo ora a una parola un po' piú complessa, qualcosa che tormenta la vostra vita quotidiana: SCUOLA.

S cambio
C artella
U sata,
O ffro
L ibri
A lgebra

S otterraneo,
C averna
U mida.
O himè
L a
A borro

S uona
C ampana
U scita.
O rsú,
L iberi
A ndiamocene!

Ora passiamo ai mestieri.

DOTTORE

D olorosa
O tite
T ropicale
T ormenta
O rnitorinchi,
R inoceronti,
E lefanti

CARDIOLOGO

C erco
A more
R icambiato
D uraturo
I nestinguibile
O himè
L ui
O stenta
G elida
O stilità

P urtroppo
S ognare
I mbuti
C on
O recchie
L anose
O stacola
G randi
A mbizioni

PSICOLOGA

P aga
S ubito
I n
C ontanti
O ttantamila
L ire
O ppure
G ira
A l (largo)!

ROMANZIERE

R acconta
O riginali
M eraviglie
A ccadutegli
N elle
Z one
I nesplorate
E sprimendo
R omantiche
E mozioni

MAESTRA

M i
A nnoia
E ducare
S omari.
T u
R isvegliami
A bbaiando

M angerei
A nche
E lefanti
S e
T rovassi
R istorante
A datto

Ora agli animali.

PECORA

P oiché
E sci
C on
O rsi
R itornerai
A nnoiata

VAMPIRO

V edete:
A nimali
M olto
P ericolosi
I nseguono
R agazze
O stinate

E adesso con i nomi della città

VICENZA

V iene
I l
C aldo
E
N ascono
Z anzare
A nofele

PERUGIA

P er
E ntrare
R iponi
U mide
G alosce
I n
A nticamera

SASSARI

S embra
A rrampicata
S ulla
S assosa
A ltura.
R esidenza
I nsolita

ROMA

R imira,
O strogoto,
M eravigliose
A ntichità!

GENOVA

G ranchi
E
N ove
O striche
V orrei
A ssaggiare

SIENA

S ei
I mprudente.
E vita,
N on
A ndarci!

Forse in questi acrostici avrete trovato delle parole dal suono buffo, di quelle che non usate tutti i giorni. Magari non sapete cosa vogliono dire. Oppure lo sapete, ma sono cosí strane e ricercate che vi fanno ridere.

Non preoccupatevi. Il G.S.C. deve abituarsi a usare il vocabolario. Consolatevi pensando che NESSUNO conosce TUTTE le parole del vocabolario, e, chi piú chi meno, ogni tanto deve andare a cercare nelle sue pagine. «Cosa diamine vorrà dire questa parola?» È un po' come andare a caccia di animali strani, e se la fate per gioco può essere una caccia molto divertente.

In questo modo, senza nessuna fatica e quasi senza accorgervene, vi troverete a possedere in poco tempo un linguaggio molto piú ricco e vario, e potrete esprimere senza difficoltà tutto quello che vi passa in mente.

Gli aggettivi, per esempio. Ne esiste una quantità enorme, per definire le qualità, le caratteristiche di ogni cosa in tutte le sue sfumature. Oppure i verbi delle voci degli animali. Sapevate che il grillo FRINISCE, il cervo BRAMISCE, il corvo GRACCHIA, la rana GRACIDA, la rondine GARRISCE, l'elefante BARRISCE, il topo SQUITTISCE, il serpente SIBILA ecc.?

Abituatevi ad annotare nel vostro quaderno ogni parola nuova di cui imparate il significato. Vi tornerà buona per qualche gioco e piú avanti per il mestiere di scrittore. Garantito!

Tenete conto che negli acrostici in italiano una delle lettere che pongono piú problemi (perché vi sono poche parole che iniziano con lei) è l'H. Oltre al solito Hotel, ci sono le voci del verbo avere, i nomi geografici tipo Haway, Honolulu; le parole come handicap, hobby, hockey, hostess, hurrà, humour, che anche se di origine straniera, ormai sono d'uso comune anche in italiano.
Un'altra iniziale difficile per gli acrostici è la O. Aprite il vocabolario a questa lettera e segnate sul vostro quaderno le parole che vi colpiscono di piú tra nomi, verbi, aggettivi e interiezioni. Vedrete che al momento buono vi torneranno utili.

Fate altrettanto con le lettere Q e Z.

Un'astuzia che potete usare è quella di decidere prima di ogni altra la parola in O, Q o H, e poi di costruirci attorno tutto l'acrostico.

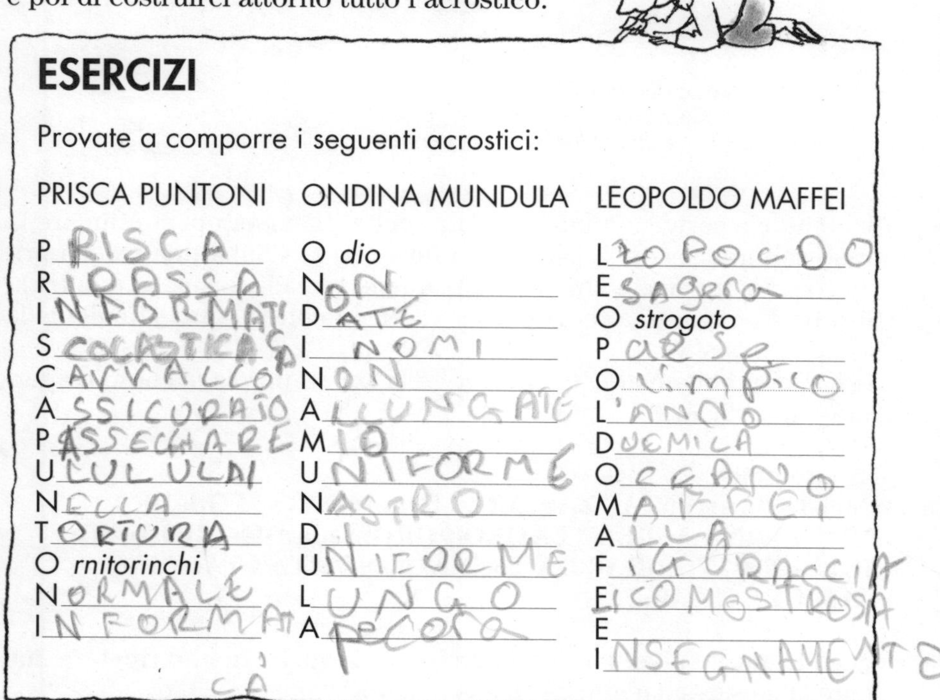

ESERCIZI

Provate a comporre i seguenti acrostici:

PRISCA PUNTONI	ONDINA MUNDULA	LEOPOLDO MAFFEI
P	O *dio*	L
R	N	E
I	D	O *strogoto*
S	I	P
C	N	O
A	A	L
P	M	D
U	U	O
N	N	M
T	D	A
O *rnitorinchi*	U	F
N	L	F
I	A	E
		I

Lezione n. 6

Comincia dalla fine

Oggetto di questa lezione è un esercizio che serve a spremere le meningi e a tenerle in allenamento sforzandosi di ricordare il maggior numero di parole che iniziano con la stessa sillaba.

Chi saranno queste due bambinette dell'asilo che si preparano per una passeggiata? Sí, siamo proprio noi due: Elisa e la sottoscritta.

Si comincia scrivendo una parola a scelta. Bisogna poi continuare la frase con una seconda parola che inizi con la sillaba finale della prima (o a vostra scelta con le ultime due lettere, se la sillaba è di tre). Si prosegue con una terza parola che inizi con la sillaba finale della seconda e cosí via.
Non si dovrebbe mai usare due volte la stessa parola, se non in apertura e in chiusura.

Per esempio:
CecilIA⇨IAttanZA⇨ZAnzaRA⇨RAnuncoLO⇨LOdaRE⇨REgiNA⇨NAvicelLA⇨LADRO⇨DROmedaRIO⇨RIOttoSO⇨SOltanTO⇨TOmBA⇨BAstonciNO⇨NOviTÀ⇨TAsCA⇨CApaCE⇨CEcilia.

Quando sarete diventati piú bravi, cercate anche di non ripetere due volte la stessa sillaba nella stessa "catena".

Per esempio, vorreste scrivere BAstoNE, ma avete già una parola che inizia con NE. Scrivete allora BAstonciNO, e potrete ripartire con un NO. Se avete anche il NO lasciate perdere bastoni e bastoncini e decidete, che ne so, per un BAstimenTO.

Evitate le parole che finiscono con io, ia ecc. (tipo gioia, coniglio, iodio) perché quelle che iniziano con ia e io sono molto rare.

Se una sillaba comincia con una accoppiata di consonanti, tipo SCA, TRA, GNA ecc... potete scegliere se usarla com'è, oppure senza la prima consonante: CA, RA, NA.

Quando sarete diventati piú bravi, potrete affrontare la seconda fase, piuttosto difficile, ma molto divertente. Si tratta non solo di formare una catena, ma di dare un senso alla sequenza di parole, cioè di formare una frase di senso compiuto, perlomeno dal punto di vista della grammatica e della sintassi, anche se il suo significato risulterà ridicolo o assurdo.
In questo caso è permesso inserire nella catena, tra una parola e l'altra, articoli, pronomi, verbi ausiliari e preposizioni, come negli esempi che seguono.
(Si raccomanda di cominciare sempre da frasi molto corte.)

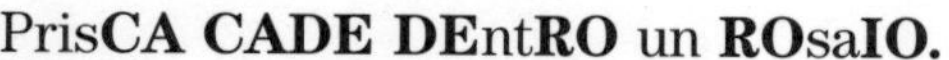

Pris**CA CADE DE**nt**RO** un **RO**sa**IO.**

Pris**CA CA**ttu**RA RA**mar**RI**
RIbel**LI. LI LI**bere**RÀ** a **RA**ven**NA, NA**turalmente.

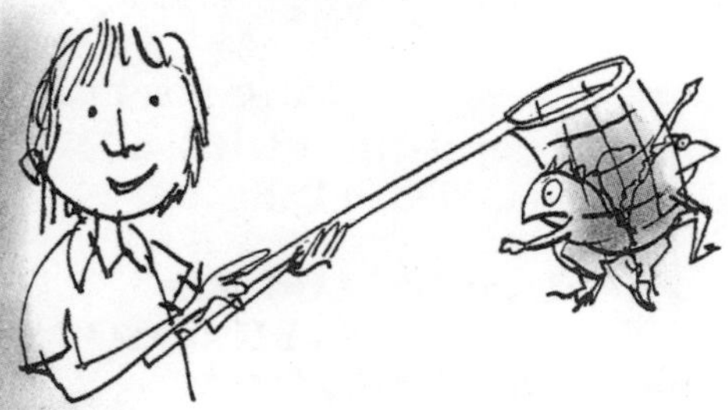

Eli**SA SA**ggiamen**TE TEME ME**lensaggini.

Insegnan**TE Te**rribi**LE LE**g**GE GE**lidamen**TE TEMI MI**glio**RI RI**dicolizzandoli.

Maes**TRA TRA**cagnot**TA TACE, CE**lan**DO DO**di**CI CI**tazioni.

Erasm**US USCÍ** con **CI**n**QUE** di **QUE**l**LE LE**zio**SE SE**duttri**CI. CI**nguettan**DO** esse **DO**mandar**ON**: "Ti **ON**du**LI** i **LI**s**CI CI**uffi?"

Sapres**TI Ti**nge**RE** e **RE**staura**RE** i **RE**per**TI TI**pi**CI** della **CI**vil**TÀ TA**rta**RA? RA**mmenta**TI** di **TI**nger**LI** in **LI**l**LA, LA**van**DO** con **DO**lcez**ZA** le **ZA**m**PE** delle **PE**core.

Nei giardi**NI NI**difica**NO NO**van**TA TA**rtaru**GHE**. I **GHE**par**DI DI**vorato**RI** di **RI**gogo**LI LI**tiga**NO NO**ttetem**PO** nel **PO**llaio.

ESERCIZI

Provate a comporre una catena di almeno sette parole cominciando da:

DieCI

Adesso scrivetene una di venti parole cominciando da:

NapolI

E adesso provate a scriverne una, magari corta corta, però di senso compiuto. Cominciate col vostro nome (a meno che non finisca con ia o io. Nel qual caso cominciate col nome del vostro amico preferito).

PriSCA SCAriCÒ CoccodrilLI LI

RosalBA BAcerebBE BE

Lezione n. 7

Uguale è diverso

Esistono nella lingua italiana molte parole nelle quali la diversa posizione dell'accento cambia completamente il significato. Per esempio: àncora e ancòra; bàlia e balía; càpitano e capítano; frústino e frustíno; nèttare e nettàre; túrbine e turbíne…
Ce ne sono altre che hanno due significati diversi anche se l'accento si trova sempre allo stesso posto (qui la differenza sta nella pronuncia, ma per iscritto non si vede): affetto; arena; botte; rosa; scopo; venti; volgo; pesca; esca…

Un esercizio-gioco che si può fare da soli o in compagnia è quello di inventare e scrivere frasi che contengano il maggior numero possibile di queste coppie. Per esempio:
Il povero piccino fu affidato a una bàlia molto irascibile. La sera i genitori andavano sempre al cinema, e lui restava in balía di quella donna collerica.

«Capitàno, abbiamo perduto l'àncora!» «Ancòra! Su questa nave càpitano troppi incidenti.»
«Stia tranquillo. Appena raggiungeremo la costa sàssone, legheremo alla corda un sassòne e lo useremo per ancorarci.»

«Andiamo a pescare, Gabriele! Prendi le tue canne da pesca e pòrtale fuori. Come esca useremo i soliti vermi.»
«Quella ragazza disturba la cerimonia! Che esca e aspetti davanti al portàle della chiesa. E se ha fame, mentre aspetta può mangiarsi una pesca.»

Gabriele ed io al matrimonio dello zio Leopoldo con Ondina. Però non è vero che ho disturbato la cerimonia. Mi sono comportata benissimo.

Eccovi un elenco delle piú frequenti parole con doppio significato. (Se non sapete cosa vogliono dire, o se di significato ne conoscete uno solo, andatevele a cercare nel vocabolario.)

abbàino abbaíno
àbitino abitíno
accetta
affetto
àltero altéro
accorsi
àmbito ambíto
àncora ancòra
arena
attàcchino attacchíno

bàcino bacíno
bàlia balía
bàlzano balzàno
bècchino becchíno
benèfici benefíci
botte

càpitano capitàno
càpito capíto
circúito circuíto
cogli
còmpito compíto
corso

dalla
data
décade decàde
desíderi desidèri
déstino destíno
dette

esca
esse

fosse
frústino frustíno

índice indíce
intúito intuíto
inúmano inumàno

legge
léggere leggére
letto

messe
mezzo

néttare nettàre

porci
pesca
peste
prédico predíco

re
rétina retína
riso
rosa

tasto
te
tema
torta
torre
tosto
túrbine turbíne

venti
víola viòla
volgo

ESERCIZI

Sottolineate le coppie di parole uguali e diverse nei due seguenti brani.

La maestra corresse Rosalba: «In questo caso non si dice corra, ma corresse, hai capito?» "Perché capito sempre con delle insegnanti cosí severe?" pensò Rosalba. "Eppure ha ragione. Non ho studiato. In venti giorni di vacanza non ho aperto un libro." Rosa dal rimorso meditava di farsi perdonare offrendo alla maestra una rosa. «Pss!» le sussurrò Elisa dal banco vicino. «Sta' attenta! Ti sta chiedendo di parlarle della rosa dei venti.»

"Nell'ambito degli incarichi comunali il mio posto è molto ambito" rifletteva il becchino. "Ho l'alloggio gratis in un abbaino del Comune, e non faccio un lavoro faticoso: scopo tutti i giorni i vialetti, innaffio i fiori, che per intonarsi alla tristezza del posto sono tutti viola, scavo le fosse, raccomando che i cani non abbaino ai funerali. Ma il sindaco pretende che passi qui anche le notti. Questo viola i nostri accordi. Bisogna che le aquile di marmo sulla tomba del capitano lo becchino perché si convinca che in questo cimitero di notte risuonano passi misteriosi e capitano cose strane. E fosse solo questo! Io ho paura dei fantasmi."

Adesso provate voi a scrivere delle frasi usando le parole "uguali e diverse" che vi ispirano di piú.

il capitano capì che capitano cose stran, Non abbiamo ancora trovato l'ancora. Rosa hanna rosa, rosa Questo è il mio scopo di lavoro: scopo e spazzo.

Lezione n. 8

Falsa chimera

L'esercizio che tratteremo in questa lezione si chiama "falsa chimera". Si tratta di prendere un breve racconto già esistente e di sostituire alcune delle parole che lo compongono, rispettando però la natura di queste parole. Cioè, un verbo va sostituito con un altro verbo, un aggettivo con un altro aggettivo, un sostantivo con un altro sostantivo ecc.
I risultati di questa sostituzione sono spesso molto divertenti.

Proviamo subito con una lettera d'amore indirizzata a Ondina.

Attenzione: per conservare un senso compiuto al discorso, non si devono sostituire tutte le parole, ma solo alcune. La stessa parola, se ritorna piú volte nel testo, deve avere sempre la stessa sostituzione. Per quanto riguarda i verbi NON si sostituiscono mai le forme degli ausiliari essere e avere e tutti quei verbi che ne reggono altri, come fare, decidere di, ordinare di, temere di, far finta di ecc. Lasciandoli al loro posto il nuovo racconto sarà piú logico e divertente. Inoltre i verbi intransitivi dovranno essere sostituiti con altri intransitivi (es. andare con meditare e non con fare o baciare), quelli transitivi con altri transitivi (es. mangiare con contemplare e non con ruzzolare e starnutire).

Nella realtà Ondina è ancora molto piú bella. Non c'è da meravigliarsi se tutti si innamorano di lei.

Ondina, anima(1) mia adorata,

ieri ti ho visto passare(2) davanti a casa(3) mia. Eri cosí elegante(4), seduta nell'automobile(5) scoperta(6) di tuo padre(7), con quel tuo grazioso(8) cappellino(9) giallo(10) ornato di papaveri(11) e margherite(12), che il mio cuore(13) ha fatto un salto(14) nel petto(15). Lo sai che vivo(16) solo per amarti(17). Ma tu passi, altera(18) e sdegnosa(19) e i tuoi begli(20) occhi(21) neri(22) non si posano(23) mai sul mio volto(24). Forse ami(25) un altro? Me infelice(26)! Forse ho un rivale(27) piú fortunato(28) di me?

Ti scongiuro, non lasciarmi(29) nel dubbio(30). La prossima volta fammi(31) un cenno(32), con la mano(33), con la testa(34), come preferisci. Lo sai che la mia felicità(35), la mia vita(36) stessa sono appese a un tuo sguardo(37). Con un battito(38) di ciglia(39) tu puoi farmi morire(40) di dolore(41) o farmi diventare l'uomo(42) piú felice della Terra(43).

Il tuo sempre devoto(44)

Casimiro

Le parole sottolineate andranno sostituite col seguente criterio:

1. sostantivo
2. verbo intransitivo
3. sostantivo
4. aggettivo
5. sostantivo (mezzo di trasporto)
6. aggettivo
7. sostantivo (parentela)
8. aggettivo
9. sostantivo (abbigliamento)
10. aggettivo
11. sostantivo
12. sostantivo
13. sostantivo (parte del corpo)
14. sostantivo, azione
15. sostantivo (parte del corpo)
16. verbo intransitivo
17. verbo transitivo
18. aggettivo
19. aggettivo
20. aggettivo
21. sostantivo (parte del corpo)
22. aggettivo
23. verbo transitivo
24. sostantivo (parte del corpo)
25. verbo transitivo
26. aggettivo
27. sostantivo
28. aggettivo
29. verbo transitivo
30. sostantivo
31. verbo transitivo
32. sostantivo
33. sostantivo (parte del corpo)
34. sostantivo (parte del corpo)
35. sostantivo
36. sostantivo
37. sostantivo
38. sostantivo
39. sostantivo (parte del corpo)
40. verbo intransitivo
41. sostantivo
42. sostantivo
43. sostantivo
44. aggettivo

Aggettivi, articoli e pronomi del nuovo racconto cambiano genere, se necessario, per concordare col nuovo sostantivo.

Ed ecco uno dei molti risultati possibili:

Ondina, grattugia mia adorata,
ieri ti ho visto starnutire davanti alla mia civetta. Eri cosí algebrica, seduta nella carriola sugosa di tuo bisnonno, con quella tua enorme pancera musicale ornata di anguille e frullatori, che il mio stinco ha fatto un rammendo nell'orecchio. Lo sai che galleggio solo per scorticarti. Ma tu passi strabica e fannullona e i tuoi burrosi occhi taccagni non si rotolano mai sul mio fegato. Forse scartavetri un altro? Me foruncoloso! Forse ho un tapiro piú puzzolente di me?
Ti scongiuro, non abbottonarmi nel letamaio! La prossima volta incollami una locomotiva, con l'ombelico, con il polpastrello, come preferisci. Lo sai che la mia cimice, la mia tonsillite stessa sono appese a un tuo colapasta. Con un solo torsolo di rinoceronte tu puoi farmi russare di meraviglia o farmi diventare l'armadio piú felice della preistoria.
Il tuo sempre affumicato

Casimiro

Naturalmente il risultato sarà molto piú divertente se chi suggerisce le sostituzioni NON conosce il brano originale. Questo è possibile se si gioca in due. Se si gioca da soli, si cercheranno le nuove parole aprendo a caso il vocabolario. Oppure, ma è piú difficile e vi consiglio di farlo solo quando sarete già esperti, usando altri due brani, dall'uno dei quali trarrete, in successione, senza saltarne nessuno, tutti i nomi e gli avverbi, e dall'altro tutti i verbi e gli aggettivi.

Per chi vuole scrivere racconti è utilissimo anche l'esercizio di non sostituire le parole a caso, ma di sceglierne delle altre che diano alla storia un significato diverso, ma sempre logico.

Prendiamo per esempio questa storia…

La maestra Argia Sforza, donna crudele e superba, vuole cacciare le due bambine piú povere della classe. Per ottenere questo risultato, le perseguita deridendole e picchiandole con la bacchetta. Tre alunne molto battagliere, scendono in campo per difendere le due poverine. L'arma decisiva in questa guerra è una tartaruga golosa di gelato, la quale svuotando all'improvviso l'intestino sui preziosi registri in presenza dell'Ispettore, procurerà alla maestra la piú brutta figura della sua vita.

… e sostituiamo le parole sottolineate ispirandoci a una ricetta di cucina. Avremo:

La cuoca Argia Sferza, donna golosa e ospitale, vuole cucinare le ventiquattro ostriche piú saporite del cestino. Per realizzare questa ricetta, le prepara sgusciandole e cospargendole con il prezzemolo. Tre spicchi d'aglio molto profumati soffriggono nell'olio per insaporire le ventiquattro ostriche. La pentola decisiva in questa preparazione è una teglia unta di burro, la quale, versando lentamente il sughetto sui piatti caldi alla presenza del commensale, procurerà alla cuoca il piú grandioso successo della sua carriera.

ESERCIZIO

Adesso tocca a voi. Sostituite le parole sottolineate nel seguente brano.

Pecos Bill era un trovatello caduto da un carro di pionieri e allevato da una famiglia di coyote. Da grande divenne il miglior cavaliere della prateria. In sella al suo cavallo vinceva tutti i rodei e faceva innamorare tutte le ragazze. Ma per sua sfortuna si innamorò di Sue, una fanciulla bellissima e testarda, che volle salire a tutti i costi sul destriero del fidanzato.

L'animale, geloso e ribelle, s'impennò e lanciò per aria la sua rivale. A causa della imbottitura elastica del suo vestito, Sue rimbalzò sempre piú in alto, mentre Pecos Bill cercava invano di acchiapparla col lazo, e alla fine fu catapultata sulla Luna.

Pecos Bill rimase scapolo e inconsolabile. Ancora oggi, quando c'è il plenilunio, Pecos Bill guarda il cielo pensando al suo amore e piangendo di nostalgia. Per solidarietà anche i suoi fratelli coyote hanno l'abitudine di ululare alla Luna piena.

Ed ecco un secondo esercizio. Questa volta, per non influenzarvi, non vi diciamo in anticipo il brano originale. Lo potrete leggere, capovolgendo la pagina, solo dopo che avrete composto la "vostra" falsa chimera, riempiendo gli spazi vuoti.
La storia risulterà piú divertente se sostituirete ai nomi dei personaggi il vostro e quello dei vostri amici.

Ieri notte due ________ (sostantivo (1)) sono ________ (verbo, part. pass.) nel negozio di ________ (sostantivo) del signor ________ (nome proprio), ________ (verbo transitivo, gerundio) (la, lo) il ________ (sostantivo) ________ (aggettivo) con un ________ (sostantivo) di ________ (sostantivo). Per ________ (verbo) la sorveglianza della(/di) ________ (sostantivo) i due ________ (sostantivo (1)) le avevano fatto ________ (verbo) un ________ (sostantivo) di ________ (sostantivo) e in tal modo avevano potuto ________ (verbo) ________ (aggettivo). Una volta dentro, avevano riempito i loro ________ (sostantivo) di ________ (sostantivo), ________ (sostantivo) e ________ (sostantivo). Ma lo(/la) ________ (aggettivo) ________ (sostantivo, mestiere) ________ (nome proprio (2)), insospettito dagli

strani (aggettivo) rumori (sostantivo) era accorso e li aveva scacciati (verbo, part. pass.), minacciandoli, essendo fuori di testa (sostantivo), con un libro (sostantivo) di poesie (sostantivo) romantiche (aggettivo). Un ladro (sostantivo (1)) aveva agito (verbo) tirandogli in testa ________ (sostantivo) un sacco (sostantivo) di broccoli (sostantivo), ma l'altro era scappato (verbo, part. pass.) dalla ragazza (sostantivo). Cosí la affascinante (aggettivo) Porcellozza (nome proprio (2)), nonostante il dolore (sostantivo) del ladro (sostantivo), li aveva affidati (verbo, part. pass.) alla finanzia (sostantivo) ricevendo una coppa (sostantivo).

Ecco il brano originale

Ieri notte due ladri sono penetrati nel negozio di gioielli del signor Giacometti, forzando la porta blindata con un piede di porco. Per eludere la sorveglianza della portinaia i due ladri le avevano fatto recapitare un mazzo di fiori spruzzati di sonnifero, e in tal modo avevano potuto agire indisturbati. Una volta dentro avevano riempito i loro sacchi di gioielli, orologi e banconote. Ma lo zelante vigile Brambilla, insospettito dagli insoliti rumori, era accorso e li aveva bloccati minacciandoli, essendo fuori servizio, con un ombrello di seta. Un ladro aveva reagito tirandogli in testa un diadema di smeraldi, ma l'altro era svenuto dalla paura. Cosí l'eroico Brambilla, nonostante il dolore del bernoccolo, li aveva consegnati alla giustizia ricevendo una medaglia.

Lezione n. 9

Il matrimonio della tartaruga

Questo è un gioco che un Giovane Scrittore Creativo affermatissimo, di nome Gianni Rodari, proponeva spesso ai suoi allievi.
Pescate a caso due parole da due diverse pagine del vocabolario o di un libro qualsiasi e mettetele assieme. Quando le due parole-personaggio verranno a contatto, il loro incontro provocherà una scintilla e nascerà una storia.
E quanto piú le parole non avranno niente a che fare l'una con l'altra, tanto piú buffa risulterà la storia del loro incontro. Vogliamo provare?

PASTICCERIA
TULIPANI
POLTRONA
SIDECAR
DONO NATALIZIO
STREGA
PELLEROSSA
SCIMMIA
MEDICINA
AMORE
SORELLA MINORE
FOTOGRAFIA

Dal mazzo di carte che vi sarete fatti fotocopiando, incollando su un cartoncino e ritagliando le due pagine precedenti, estraetene due. (Oppure, se non avete ancora fatto il mazzo, chiudete gli occhi e segnatene due a caso con una matita direttamente sulle pagine.)
Ecco qua.

TARTARUGA & MATRIMONIO

Quante storie possono nascere da questo incontro!

Dunque, c'era una volta una ragazza che finalmente era riuscita a coronare il suo sogno d'amore. Il bellissimo medico di cui era innamorata sin dall'infanzia aveva ceduto al suo corteggiamento e l'aveva chiesta in sposa. Tutto era pronto per le nozze. Con grande meraviglia dei parenti la sposa aveva scelto come damigella non una ragazza, ma la sua migliore amica, la tartaruga Dinosaura, che doveva accompagnarla all'altare reggendole il velo con la bocca.
Lo sposo era già arrivato e aspettava impaziente, quando l'organo attaccò le prime note della marcia nuziale e dalla porta della cattedrale entrò la sposa seguita dalla singolare damigella. Camminavano lentamente. Lentamente. Lentissimamente. I minuti passavano, gli invitati s'innervosivano, i fiori delle decorazioni appassivano, e le due non avevano fatto che mezzo metro. Ora bisogna sapere che lo sposo era un tipo molto impaziente. Non aveva tempo da perdere. Doveva tornare subito in ospedale a fare cinque operazioni a cuore aperto. Cosí, quando la sposa era ancora a metà della navata, si spazientí, gettò per terra i guanti grigio perla e disse a suo fratello Casimiro che gli faceva da testimone:
«Oh, senti! Io devo andare! Fammi un piacere. Sposatela tu!»
E se ne tornò al lavoro. Ma alla sposa Casimiro non piaceva, cosí fece dietro-front e lentamente, lentissimamente, sempre seguita dalla tartaruga, uscí dalla chiesa. Gli invitati, delusi, per quel giorno non mangiarono confetti né pasticcini né torta nuziale.

Oppure:

Si festeggiavano le nozze del principe Azzurro con la principessa Rosaspina. Il prete aveva appena finito di dire: «Chi è a conoscenza di qualcosa che sia di ostacolo a questo matrimonio, parli ora o taccia per sempre» quando una vecchia tartaruga salí a fatica i gradini dell'altare e, tra lo sgomento generale, disse:
«Io! Io sono la prima moglie del principe, trasformata in questo modo dall'incantesimo di un vecchio mago.»
Allora la principessa Rosaspina...

Dinosaura pronta per un bel tuffo. Purtroppo di tartarughini non me ne ha fatto mai... E neppure di uova, se è per questo.

Oppure ancora:

C'era una bellissima tartaruga di nome Dinosaura che viveva in un giardino vicino al mare. La sua corazza era lucente, a quadretti gialli e marrone chiaro. I suoi occhi neri a mandorla erano vivaci e intelligenti. Le sue unghie avevano una forma affusolata elegantissima... Ormai era in età da marito e la sua padroncina le diceva:
«Quando ti decidi a sposarti? Non vedo l'ora di vederti circondata da tanti bei tartarughini...»
E finalmente la tartaruga, in un giorno d'estate, ricevette una proposta di matrimonio. Se non che il pretendente era una tartaruga marina, ovvero una testuggine, e le chiedeva di andare a vivere con lui in fondo al mare.
A questo punto la bella Dinosaura...

Vogliamo provare con due parole diverse? Chiudiamo gli occhi, puntiamo la matita…

PELLEROSSA & DONO NATALIZIO

C'era una volta una bambina che per Natale desiderava ricevere in dono un vestito di pelle di daino sfrangiato, un copricapo di piume, un paio di mocassini, un arco, insomma il costume completo per potersi vestire da pellerossa. L'aveva visto nella vetrina di un negozio di giocattoli e le era piaciuto tanto che, per essere sicura di riceverlo, aveva scritto ben quattro lettere: una a Gesú Bambino, una a Babbo Natale, una ai genitori e una alla sua madrina di battesimo. Chi fosse esattamente a deporre i doni ai piedi dell'albero non lo sapeva, anche se nutriva qualche sospetto, ma nel dubbio, preferiva non correre rischi.

Se non che la mattina di Natale trovò ben quattro pacchi col suo nome, e tutta contenta si precipitò ad aprirli. Ma quale non fu la sua delusione quando scoprí che Babbo Natale le aveva portato una bambola, Gesú Bambino una corda per saltare, i genitori un cestino a forma di papera con tutto l'occorrente per il cucito e la madrina un vestito elegante tutto fiocchi e merletti. Il completo da pellerossa c'era, ma era nel pacco destinato a suo fratello Gabriele. Allora la bambina…

Oppure:

C'era una volta un bambino pellerossa dell'Arizona che non aveva mai ricevuto un regalo natalizio. Questo non perché i suoi genitori fossero particolarmente poveri o malvagi, ma perché il suo popolo non aveva l'abitudine di festeggiare il Natale. Loro veneravano Manitú, e invece di abeti avevano alti totem con le corna di bisonte. Eppure quel bambino pellerossa moriva dalla voglia di ricevere un pacco col nastro rosso e le campanelle d'argento. Decise quindi di lasciare il suo villaggio e di andare nel paese dei visi pallidi...

O ancora:

Era il 25 dicembre 1845. Un cow-boy solitario cavalcava stanco e affamato nella prateria quando vide da lontano un filo di fumo levarsi dietro una collina. Si trattava dell'accampamento di Cocise, l'eroico capo apache, che invece di scotennarlo lo accolse cavallerescamente e, dopo averlo rifocillato, gli regalò un bellissimo copricapo di penne d'aquila.
«Grazie. Che bel regalo natalizio! Tanti auguri! Buon Natale!» gli disse il cowboy. Cocise lo guardò meravigliato e rispose...

Avete capito come funziona? Bisogna raffigurarsi nella mente le due cose o persone messe insieme a caso e domandarsi: "Che rapporto si potrebbe creare tra loro? Come si comporterebbero incontrandosi realmente all'improvviso?"

Per esempio, se invece che col DONO NATALIZIO abbinassimo il nostro PELLEROSSA con un'ORFANELLA?

Il nostro Cocise potrebbe trovare nella prateria un'orfanella abbandonata, magari caduta come Pecos Bill da un carro di pionieri.
E se fosse Cocise a morire lasciando orfana la propria figlia bambina? Gli altri apache accetterebbero l'orfanella come capotribú.

E se invece una notte, in un orfanotrofio di una nostra città, si aprisse furtivamente una finestra e nel dormitorio entrasse silenzioso un bellissimo indiano, e facesse ai bambini segno di tacere, dirigendosi verso il letto della piú piccola?
E se una bambina, orfana di un impiegato di banca, andasse a raccontare in giro che suo padre era un gran capo pellerossa?

Ora esaminiamo due nuove parole, per esempio: VALIGIA e TULIPANI. Potrebbe trattarsi di una valigia piena di tulipani. Però, se i fiori fossero veri, ci sarebbe il problema di non farli appassire. E a chi potrebbe appartenere una valigia piena di tulipani finti? A un arredatore? A un prestigiatore? A un giardiniere pigro?

Oppure potrebbe trattarsi di un signore che vuol fare un regalo a sua moglie ed è indeciso tra un mazzo di fiori e una bella valigia nuova.

O ancora di un turista olandese che oltre al solito bagaglio porta sempre con sé un mazzo di tulipani.

O forse di un viaggiatore maldestro che, in treno, schiaccia con la sua valigia i tulipani di una sua bellissima compagna di viaggio che li aveva ricevuti in dono dall'innamorato.

O di un inventore che trova il metodo per fare valigie leggere e profumate, ma robustissime e antifurto, con petali di tulipani...

Naturalmente non è necessario usare sempre le nostre carte. Potete far incontrare tutte le parole che vi saltano in mente.

ESERCIZI

Adesso provate voi. Cercate di inventare altrettante storie che abbiano come protagonisti:

L'AMORE & UNA PASTICCERIA

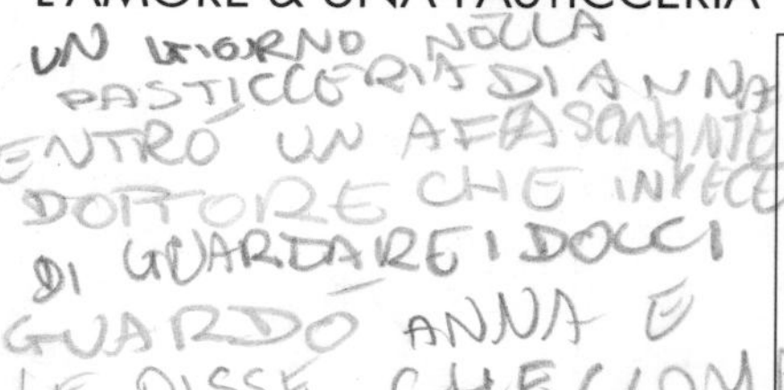

UNA STREGA & UNO STETOSCOPIO

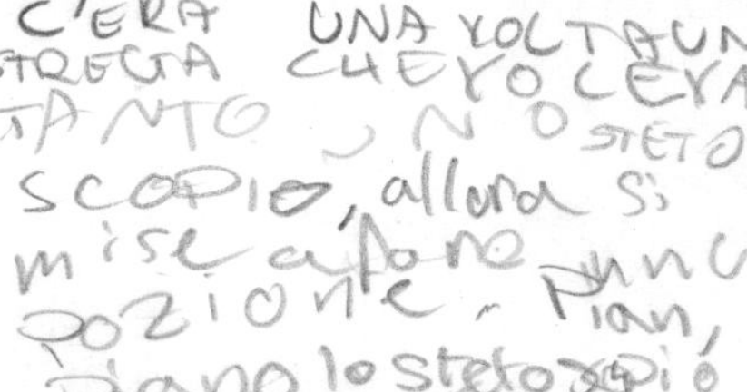

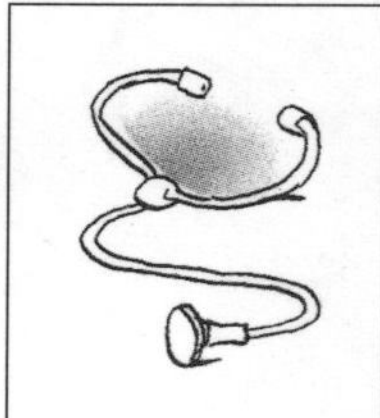

UNA SCIMMIA & UN'ORFANELLA

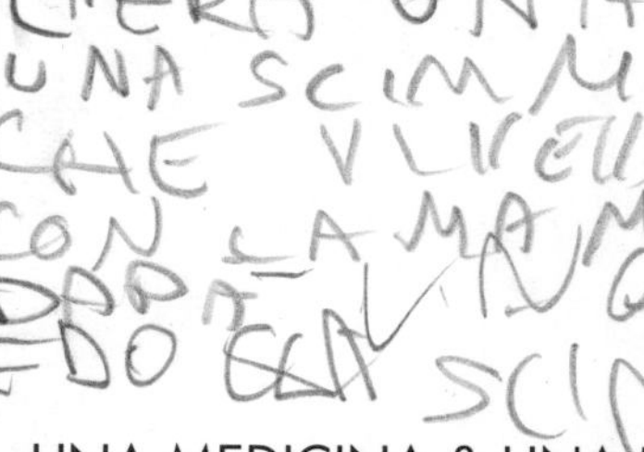

UNA MEDICINA & UNA FOTOGRAFIA

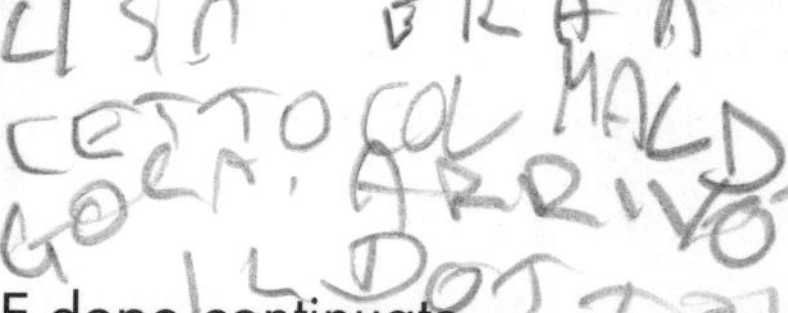

E dopo continuate abbinando le parole a caso.

Lezione n. 10

Giochiamo con le metafore

«Io sono un agnello. Delle mie figlie la maggiore è una civetta, la piccola lo sarebbe anche lei, ma non può, perché è una balena. Il ragazzo purtroppo è un po' orso. La colpa è tutta di mia moglie, che è una vera chioccia, ma se le toccano i figli diventa una tigre. Quanto a mia cognata, è proprio un'oca, e anche suo marito, poveretto, non è un'aquila.»

Qui siamo a Roma col nonno Anastasio e lo zio Leopoldo. "Siamo" chi? Elisa e io, naturalmente.

Chissà quante volte vi è capitato di ascoltare un discorso di questo genere. Significa forse che lo zoo è impazzito? O che sull'Arca di Noè gli animali si sono accoppiati producendo strani incroci?

Niente di tutto questo. Sapete bene che il nome di un animale, usato come attributo per un essere umano, significa che quella persona possiede le caratteristiche piú note – fisiche o del carattere – di quell'animale.

Consideriamo quelli citati nel testo. Tutti sanno che:

L'agnello è mite e inoffensivo.
La civetta è seducente e adescatrice (questa, a dire la verità è una calunnia, perché nessuno ha mai visto la povera bestia comportarsi in modo cosí riprovevole).
La balena è enorme e goffa.
L'orso è rude e poco socievole.
La chioccia è eccessivamente protettiva con i pulcini.
L'oca è stupida (altra calunnia).
L'aquila è molto intelligente.

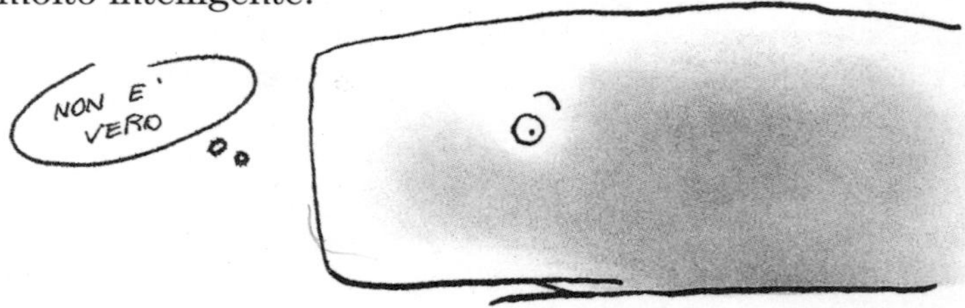

Vediamo ora se sapete quali sono le qualità attribuite a questi altri animali. Perché si dice:

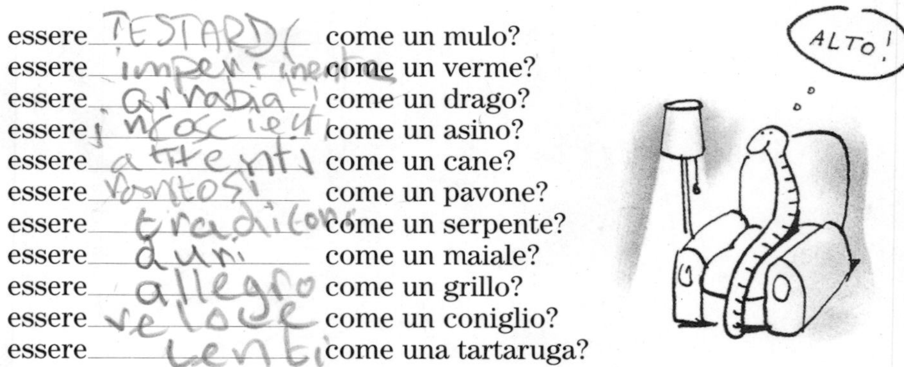

essere __________ come un mulo?
essere __________ come un verme?
essere __________ come un drago?
essere __________ come un asino?
essere __________ come un cane?
essere __________ come un pavone?
essere __________ come un serpente?
essere __________ come un maiale?
essere __________ come un grillo?
essere __________ come un coniglio?
essere __________ come una tartaruga?

Se non ci arrivate da soli, troverete la soluzione in basso capovolgendo la pagina.

Risposte: mulo = testardo; verme = vile e spregevole; drago = bravissimo a fare qualcosa (fama usurpata); asino = ignorante; cane = artista che non sa fare il suo mestiere, cantante stonato; pavone = vanitoso; coniglio = timido e pauroso; maiale = sporcaccione; grillo = piccolo e vivace; serpente = mellifluo e traditore; tartaruga = lenta.

L'espediente di trasferire il nome di una cosa (nel nostro caso un animale) a un'altra cosa (nel nostro caso a una persona) per dare piú sapore al discorso, si chiama metafora.
È una parola di origine greca che significa "portare da… a…", "trasferire".
Ovvero, portare la qualità protettiva della chioccia a mia moglie, trasferire la mancanza di socievolezza dell'orso a mio figlio e via dicendo.

Chissà perché però questo meccanismo non funziona (nel senso che non si è scelto di applicarlo) con tutte le bestie. Se un tizio per esempio è veloce, non si dice che è un ghepardo, ma che è un fulmine. Se è un pasticcione, si dice che è una frana.
Se un bambino è troppo movimentato, si dice che è un terremoto.

A nome dei cani poi vorremmo protestare per le qualità negative attribuite all'amico dell'uomo. Per esempio, tutti sanno che il cane è sincero e fedele. Eppure se a un attore dicono: «Sei un cane», lui giustamente si offende. Cane, in metafora, vuol dire che uno non è bravo a fare quello che fa. «Quel giovane scrittore è un cane» è una frase che vi offenderebbe moltissimo. Perché non si dice: «Quel giovane scrittore è un gatto?»

ESERCIZI

Ma il linguaggio, con tutti i suoi segreti, è qualcosa di vivo, qualcosa che cresce e che cambia. Perché non si potrebbero inventare nuove metafore animali?
Provate a riempire con uno o due aggettivi che indichino qualità fisiche o morali, le linee tratteggiate, in modo da completare le seguenti dichiarazioni:

mio cugino è ______________ come un'aragosta
mia zia è ______________ come una lucertola
il mio vicino di casa è ______________ come un colibrí
non fare il ______________ come il rinoceronte
quel dentista è un vero ______________ come un canguro
il mio professore non è ______________ come un cavallo

Se vi diverte, aggiungete altri animali e trasferite le loro qualità sugli esseri umani di vostra conoscenza.
Oppure, un'altra variante del gioco è quella di ribaltare i termini:

quel pinguino è ______________ come un idraulico
quella giraffa è ______________ come una portinaia
quel maggiolino è ______________ come un cassiere
quella trota è ______________ come una sarta

Se trovate altri paragoni divertenti, continuate pure l'elenco a vostro piacere.

Lezione n. 11

Finalmente il romanzo!

Ora che avete imparato qualcuno dei mille modi in cui si può inventare un breve racconto, aprite bene le orecchie, miei cari G.S.C., perché vi darò la ricetta per scrivere un romanzo.
Anche in questo caso, a voler essere pignoli, le ricette sono moltissime, e quando sarete piú esperti le scoprirete da soli, leggendo i libri dei colleghi che vi hanno preceduto sulle vie della gloria.

Io vi insegnerò una RICETTA-GIOCO che potrete usare da soli o in compagnia. Meglio ancora se con l'aiuto di un piccolo registratore, grazie al quale "fisserete" velocemente i vostri appunti.
Se decidete di giocare in gruppo, occorre che nominiate un capogioco.

IL GIOCO DEL ROMANZO si svolge in due fasi, la prima, preparatoria, decisa da voi (o dalla sorte) e relativa ai PERSONAGGI; la seconda affidata tutta alla sorte e relativa alle SITUAZIONI in cui questi personaggi possono venirsi a trovare.

Anche questa volta dovete fotocopiare le pagine 73, 74 e 75, che si riferiscono ai PERSONAGGI e alle SITUAZIONI necessari per lo sviluppo di una storia, incollarle su un cartoncino e ritagliare i 24 rettangoli, in modo da ottenere un mazzo di carte.
Oppure ricopiate a penna il numero e la scritta di ogni carta (lasciando perdere il disegno) su altrettanti cartoncini rigidi. Il mazzo di carte cosí ottenuto potrà essere usato per giocare tutte le volte che vorrete.
Il registratore potete anche non usarlo. Ogni giocatore comunque dovrà avere carta e penna.

FASE A

Premessa
Perché un romanzo funzioni, è necessario che ci siano:

1. UN PROTAGONISTA
Maschio o femmina, buono o cattivo, non importa. È il personaggio principale della storia e non dovrà mai essere perso di vista o passare in secondo piano.

L'eroica scolara Prisca Puntoni

2. Un ANTAGONISTA
È il nemico del protagonista. Quello che cerca di ostacolarlo nelle sue azioni. Naturalmente se avrete scelto un protagonista cattivo, l'antagonista sarà buono e lo ostacolerà nelle sue cattiverie. Oppure un suo rivale in cattiveria, che cerca sempre di essere ancora piú perfido.

La perfida maestra Argia Sforza

3. L'AMORE del protagonista
Femmina o maschio a seconda che abbiate scelto un o una protagonista. Può ricambiare l'amore di costui, rifiutarlo, non saperne ancora niente, amare un altro, a vostra scelta.

Lo zio Leopoldo (zio di Elisa), cardiologo

4. L'AMICO del protagonista
Qualcuno che lo aiuta e con cui il protagonista può confidarsi. Può essere anche un familiare, un animale, un giocattolo, persino un diario.

La scolara modello Elisa Maffei

Saranno molto utili anche se non obbligatori:

5. Un PERSONAGGIO MISTERIOSO
La sua identità sarà rivelata soltanto dopo la metà della storia.

La bambina della fotografia che lo zio Leopoldo tiene sul caminetto

6. Un AMICO/AMICA dell'antagonista

La perfida scolara Sveva Lopez del Rio

7. Un AMICO/AMICA, oppure un RIVALE dell'AMORE del protagonista

Ondina Mundula, professoressa di matematica

8. Inoltre tutti i PERSONAGGI SECONDARI che vorrete, che però inventerete nella seconda fase, man mano che la storia procede.

1 Lisa 2 Rolos, 3 Jack

La parte che giocherà ognuno di questi personaggi nel vostro romanzo si chiama RUOLO.
Anche i registi cinematografici cercano gli attori e le attrici per questo o quel ruolo. Anche gli allenatori di calcio assegnano un ruolo diverso a ciascun giocatore.
La stessa cosa dovrà fare il romanziere.

Lisa Debertoli In giro per il mondo cercando la madre con il padre ritrovato PROTAGONISTA	Elias Deias Cerca di fermare la barca con cui viaggia Lisa ANTAGONISTA
Jack Sifior servo di Lisa ma anche suo amore AMORE DEL PROTAGONISTA	Lusingo trovato da Lisa nel mare e per sempre sua fedele accompagnatrice AMICO DEL PROTAGONISTA
Caramelo Desai c'è un quadro sul muro: chi saranno? si chiede sempre Lisa PERSONAGGIO MISTERIOSO	Raia Meloni paziente e fedele aiutante di Elias AMICO DELL'ANTAGONISTA
Madamigelle Essendo più importante poteva scegliere lei chi sposasse Jack ma Jack non si arrende RIVALE DELL'AMORE	UNA AVVENTURA DI SICURO

Chi saranno questi personaggi potrete deciderlo voi oppure affidarlo al caso.

Nella prima ipotesi prendete le 8 carte ricavate dalla pagina precedente e scriveteci sopra (a matita, mi raccomando!) il nome che volete dare al vostro protagonista, antagonista ecc…
(L'ottava carta è riservata a un personaggio di vostra invenzione.)
I personaggi potete inventarli di sana pianta, oppure potete ispirarvi a gente che conoscete, a personaggi di altri libri, a gente famosa…

Se invece preferite affidare la personalità dei vostri personaggi al caso, recuperate il mazzo di carte che avete fatto per la lezione n. 9, mescolate ed estraetene otto carte che accoppierete, nell'ordine di uscita, agli otto "ruoli".

Per esempio:

1. PROTAGONISTA	ORFANELLA
2. ANTAGONISTA	STREGA
3. AMORE DEL PROTAGONISTA	PASTICCERIA
4. AMICO DEL PROTAGONISTA	SCIMMIA
5. PERSONAGGIO MISTERIOSO	SORELLA MINORE
6. AMICO DELL'ANTAGONISTA	PELLEROSSA
7. RIVALE DELL'AMORE	TARTARUGA

Per ognuno di questi personaggi dovrete compilare una breve SCHEDA, dove indicherete:

a) Nome e Cognome (Se non avete delle idee, consultate un elenco telefonico: è una utilissima fonte di ispirazione. Oppure un aiuto prezioso vi verrà dalla lettura dei nomi dei santi su un qualsiasi calendario.)

b) Età e caratteristiche fisiche.
c) Condizione economica ed eventuale lavoro; dove abita all'inizio della storia; se vive da solo o in compagnia di qualcuno (di chi?); se ha dei tic o delle manie, degli hobby, delle cose che odia, delle allergie... Infine, importantissimo, qual è il suo piú grande desiderio che finora non è riuscito a realizzare.

Per il personaggio misterioso descrivete solo le caratteristiche esterne, cioè aspetto, abbigliamento e modo di fare. (Potete anche usare come personaggi delle persone reali, che conoscete, descrivendo le loro vere caratteristiche oppure attribuendo loro delle caratteristiche inventate.)

Per aiutarvi in questa prima fase vi suggeriamo una serie di nomi fra quelli meno usati. Per i cognomi e per i mestieri ispiratevi all'elenco del telefono, sia quello alfabetico, sia le Pagine Gialle.

NOMI MASCHILI	NOMI FEMMINILI
Abbondio	**A**dalgisa
Adelchi	Aglaia
Aiace	Amaranta
Aminta	Amarillide
Aniceto	Amina
Ariele	Apollonia
Arsenio	Aurora
Attila	Azucena
Baldo	**B**asilissa
Basilio	Belinda
Beda	Berenice
Berardo	Betsabea
Boezio	Bibiana
	Blanda
	Brunilde
Caio	**C**alipso
Callisto	Calpurnia
Casimiro	Cassandra
Cecco	Chiarenza
Ciriaco	Clarissa
Cirillo	Clelia
Clodio	Cloe
Clodoveo	Clotilde
Consalvo	Consuelo
Cosma	Cora
Crispino	Corinna
Curzio	Cunegonda
Dazio	**D**afne
Dagoberto	Dalila
Decio	Domitilla
Didimo	Doralice
Diodoro	Drusilla
Eleuterio	**E**be
Eolo	Editta

NOMI MASCHILI	NOMI FEMMINILI
Epaminonda	Edna
Eriberto	Edvina
Ermogene	Eloisa
Eusebio	Ermione
Evaristo	Eudossia
Everardo	Eulalia
Ezechiele	Esmeralda
Febo	**F**abiola
Ferraú	Fedora
Fidelio	Fiammetta
Fioravante	Fillide
Florindo	Flaminia
Folco	Fosca
Fulgenzio	Freia
Gaddo	**G**alatea
Galvano	Geraldina
Ganimede	Gilda
Gano	Ginevra
Genserico	Giorgiana
Gervasio	Gisella
Gioele	Girometta
Giotto	Glicera
Glicerio	Greta
Gondrano	Gudrum
Guelfo	Guendalina
Ildebrando	**I**da
Ilario	Ilda
Indro	Imogene
Isaia	Ippolita
Isidoro	Isadora
Ireneo	Ivonne
Lancillotto	**L**aila
Leandro	Làlage
Lelio	Laríssa

Leone
Leonida
Leonzio
Lionello
Lucilio
Lussorio

Manrico
Mardocheo
Marziale
Massenzio
Melchiorre
Miniato
Morando

Narciso
Nazareno
Nereo
Nicodemo
Noe
Numitore

Odoacre
Olaf
Oliviero
Omar
Onorio
Oreste
Orso
Oscar
Otto

Panfilo
Patroclo
Pilade
Policarpo
Prospero
Prudenzio

Quintilio
Quinto
Quirico

Lavinia
Leocadia
Leonia
Ligea
Ludmilla
Lucrezia

Mafalda
Malvina
Macrina
Melisenda
Mercedes
Mirna
Morgana

Nausica
Neera
Nilde
Ninfa
Noemi
Norma

Olga
Ondina
Onoria
Oretta
Oriana
Orsetta
Ortensia
Osvalda
Ottilia

Palmina
Penelope
Petronilla
Pilàr
Polissena
Pulcheria

Quartilla
Quinzia
Quiteria

Rambaldo
Ranieri
Raul
Rocco
Ruben
Rufino

Sansone
Santorre
Scipione
Severino
Sigfrido
Sigieri
Sinforiano
Spartaco
Stanislao

Tazio
Tebaldo
Teofilo
Tobia
Torquato
Turibio

Ubaldo
Ulderico
Ulisse
Ulpio
Ulivieri
Ursino

Valmemaro
Venceslao
Vieri
Vinicio
Vladimiro

Zaccheo
Zaccaria
Zeno
Zoilo
Zosimo

Radegonda
Raissa
Regina
Reparata
Romilda
Rutilia

Salomè
Samanta
Santippe
Selma
Sempronia
Severa
Sinforosa
Sofonisba
Sofronia

Tatiana
Tecla
Telma
Tilde
Titania
Tosca

Uberta
Ughetta
Ulda
Ulla
Unica
Urania

Vanessa
Velleda
Violante
Virginia
Viviana

Zaira
Zenaide
Zenobia
Zeffirina
Zoe

ESERCIZI

Seguendo i consigli che vi abbiamo appena dato provate a compilare le schede dei personaggi, senza preoccuparvi del ruolo in cui li userete (cioè se come protagonisti, antagonisti ecc...)

PROTAGONISTA

1. Nome e cognome Lisa Debertoli

2. Descrizione fisica snella non alta e non bassa bionda occhi blu, piedi grandi

3. Condizione economica, lavoro, dove abita, ~~tic e manie~~, hobby, cose che odia, desideri povera senza lavoro, abita su una barca parlare con Lusingo, essere sani dati, vedere la sua famiglia insieme

Fate la stessa cosa per L'ANTAGONISTA, L'AMORE DEL PROTAGONISTA e via via tutti gli altri.

Elias, Jack.

Adesso che avete chiara l'identità dei personaggi, non comincia già a venirvi in mente la trama del vostro romanzo? Alt! Stop! Per questa volta la trama non la inventerete voi, ma la affiderete alla sorte. In quali situazioni verranno a trovarsi i vostri personaggi lo vedremo nella lezione seguente.

Lezione n. 12

Ancora il romanzo

FASE B

COSA CAPITA AI PERSONAGGI

Quando le schede dei personaggi saranno complete, sarà terminata la fase A.

È il momento di passare alla fase B, quella affidata alla sorte.

Se siete in gruppo, nominate un capogioco. (Se invece volete giocare da soli, potete farlo benissimo, fingendo di volta in volta di essere il capogioco e, via via, tutti gli altri giocatori.)

1. Come prima mossa si decide l'ordine in cui giocheranno i singoli G.S.C.

2. Come seconda mossa il capogioco mescola le carte ricavate dalle pagine 73, 74 e 75, e intanto ricorda quali sono i personaggi principali, le cui carte e schede resteranno sempre bene in vista al centro del tavolo.

3. Il capogioco estrae una prima carta dal mazzo e la legge al primo giocatore.

4. Costui, ispirandosi a quanto suggerito dalla carta, racconta qualcosa che abbia come PROTAGONISTA il personaggio scelto nella fase A. (Appena il giocatore comincia a parlare, se c'è, si mette in funzione il registratore. Se non c'è, il capogioco o qualcuno da lui incaricato comincia a prendere appunti.)

Per avere un'idea chiara di quanto suggeriscono le carte è meglio prima dare un'occhiata alle pagine seguenti. Il capogioco può venire in aiuto al giocatore con i suggerimenti che leggerà di volta in volta.

Man mano che il narratore introduce un personaggio, lo presenta descrivendone le caratteristiche che sono state scritte sulla scheda. Può farlo per esteso, oppure con brevi cenni o allusioni che saranno sviluppati piú avanti. Sono molto graditi i dialoghi.

Purché resti in tema (personaggi e argomenti della carta) il narratore potrà raccontare per tutto il tempo che gli reggerà l'ispirazione.

5. Il capogioco estrae una seconda carta.

6. Il secondo giocatore si allaccia al racconto nel punto in cui il primo si è interrotto, e prosegue ispirandosi a quanto suggerito dalla "sua" carta.

7. Poi si continua col terzo giocatore, col quarto e cosí via. Se i giocatori sono meno di cinque, si consiglia di fare almeno tre giri completi. Siete voi che dovete decidere in quante "puntate" si articolerà il vostro romanzo, e dunque quante carte dovranno essere estratte. Perché una storia sia interessante, noi però vi consigliamo di estrarne almeno una dozzina.

Alla fine il capogioco dovrà tirare le fila del racconto e narrare lui l'ultimo capitolo con la conclusione.

Variando la fase B, il gioco potrà anche essere fatto in altri modi.

Per esempio, se si gioca in gruppo, il capogioco distribuirà a ciascun giocatore un certo numero di carte (almeno 5 o 6). Ogni giocatore le studierà per un po', consultando il manuale se qualche carta non gli è chiara. Poi le disporrà nell'ordine che preferisce e, quando verrà il suo turno, racconterà la storia che gli hanno ispirato, senza terminarla.

Il secondo giocatore si collegherà a quanto raccontato dal primo e proseguirà interpretando tutte le sue carte, ma senza concludere. Il terzo si collegherà a quanto raccontato dal secondo, e cosí via.

Da soli si può fare un "solitario", estraendo una dozzina di carte e risistemandole in modo da combinare una storia secondo i nostri gusti, e poi scrivendola o raccontandola al registratore.

DESIDERIO

PARTENZA PER ANDARE A

PARTENZA PER ANDARSENE DA

ARRIVO

RITORNO A CASA

INCONTRO

PERDITA O SMARRIMENTO

RITROVAMENTO

TRAVESTIMENTO

RICONOSCIMENTO

ERRORE O EQUIVOCO

SINGOLAR TENZONE

INGANNO

TRADIMENTO

SEGRETO

FURTO

OSTACOLO

DIVIETO E DISUBBIDIENZA

INCIDENTE DI PERCORSO

UN MUCCHIO DI SOLDI

VENDETTA

PRIGIONE

REGALO

MESSAGGIO

COSA SUGGERISCONO LE 24 CARTE

1. DESIDERIO
Qualcuno, da molto tempo, desidera qualcosa. Ora il desiderio diventa irresistibile, procura eventualmente guai o sofferenze, e spinge ad agire per soddisfarlo.

2. PARTENZA PER ANDARE A
Uno dei personaggi si mette in viaggio verso una meta precisa. Descrivere perché, come, in compagnia di chi e cosa si aspetta di trovare.

3. PARTENZA PER ANDARSENE DA
Uno dei personaggi decide di lasciare il posto in cui si trovava. Che posto era? Perché non ci vuole piú stare? Parte da solo o in compagnia? e se sí, di chi?

4. ARRIVO
Qualcuno arriva in un posto nuovo. Può essere il personaggio che stava viaggiando, o qualcuno che arriva inaspettato da lontano nel posto dove si svolge l'azione.

5. RITORNO A CASA
Qualcuno ritorna in un posto da cui era partito o spontaneamente o perché qualcuno lo aveva portato via.

6. INCONTRO
Qualcuno incontra qualcun altro. Ci può essere stato prima un appuntamento, oppure l'incontro può avvenire per caso. I due possono essere amici, nemici, oppure ignoti l'uno all'altro e vedersi qui per la prima volta.

7. PERDITA O SMARRIMENTO
Qualcuno, involontariamente, perde qualcosa o qualcun altro.

8. RITROVAMENTO
Qualcuno ritrova qualcosa (o qualcun altro) che aveva perduto. Oppure trova qualcosa o qualcuno che non si aspettava mai di trovare.

9. TRAVESTIMENTO
Qualcuno si traveste o finge di essere qualcun altro per non essere riconosciuto.

10. RICONOSCIMENTO
Qualcuno riconosce qualcun altro, dopo aver creduto che fosse uno sconosciuto, oppure un'altra persona. Oppure, colui che si è travestito viene riconosciuto nonostante i suoi sforzi. Da quale particolare?

11. ERRORE O EQUIVOCO
Qualcuno scambia una cosa o una situazione per un'altra. Oppure, dovendo decidere, prende la decisione sbagliata.

12. SINGOLAR TENZONE
Uno dei personaggi ne affronta un altro in una lotta corpo a corpo. Risultati dell'incontro.

13. INGANNO
A, nemico di B, gli tende un inganno. B ci casca. (Oppure no.) Oppure A attira B in una trappola, in modo che vada a mettersi da solo nei pasticci.

14. TRADIMENTO
A, amico di B, e fino a quel momento suo alleato (può anche aver finto l'amicizia) lo tradisce; B se ne accorge (oppure no). Se sí, come reagisce.

15. SEGRETO
Qualcuno intuisce che qualcun altro nasconde un segreto e fa qualcosa per scoprirlo. Oppure una cosa fino ad ora segreta viene rivelata da qualcuno.

16. FURTO
A qualcuno viene rubato qualcosa. Il furto può avvenire con la violenza o con l'inganno.

17. OSTACOLO
Qualcuno incontra un ostacolo che gli impedisce di agire. Si rassegna, oppure fa qualcosa per superarlo.

18. DIVIETO E DISUBBIDIENZA
Qualcuno fornito di autorità proibisce a qualcun altro, o a molti, di fare qualcosa. Qualcuno però (chi?) disubbidisce.

19. INCIDENTE DI PERCORSO
Può essere un naufragio, uno scontro di treni, o semplicemente qualcuno che perde la strada o finisce all'indirizzo sbagliato.

20. UN MUCCHIO DI SOLDI
Qualcuno vince, guadagna, eredita o trova una grande ricchezza. Può trattarsi di denaro, ma anche di pietre preziose, miniere d'oro, giacimenti di petrolio...

21. VENDETTA
Qualcuno che ha subíto un torto si vendica su chi glielo ha inflitto.

22. PRIGIONE
Qualcuno che finora era libero nei suoi movimenti viene rinchiuso da qualcun altro, oppure si trova in una situazione che non offre vie d'uscita.

23. REGALO
Qualcuno riceve un regalo (meritato o inaspettato) da parte di qualcun altro. Oppure lo desidera e fa qualcosa per ottenerlo.

24. MESSAGGIO
Si tratterà di una lettera, una telefonata, un messaggio in una bottiglia, un fax... Insomma, c'è qualcuno che si mette in comunicazione da lontano con qualcun altro.

Quando il romanzo sarà terminato, i giocatori dovranno mettersi d'accordo per trovargli un TITOLO.
Se non si raggiunge l'accordo, vale il parere del capogioco.

E se proprio volete strafare, potete anche decidere a quale genere letterario appartiene.

A seconda di dove e quando si svolge deciderete per:

– IL ROMANZO STORICO (ambientato nel passato)

– Una romantica STORIA D'AMORE

– IL ROMANZO POLIZIESCO con delitto

– LA STORIA D'AVVENTURE in terre lontane

– IL ROMANZO SCOLASTICO, cioè ambientato in una scuola

Foto di fine d'anno per la IV D. Stiamo cantando "Finito è un giorno di duro lavoro". Che ridicole!

– IL ROMANZO UMORISTICO (se soprattutto fa ridere)

– LA STORIA DEL MISTERO O DEL TERRORE

– LA STORIA FANTASTICA

Inoltre esistono generi molto particolari, che non sono piú romanzi, come il testo teatrale, la sceneggiatura per un film o una telenovela…

Lezione n. 13

Rime baciate, baci rimati

Perché la formazione di un G.S.C. si possa considerare completa, egli deve essere in grado di comporre anche delle POESIE, in rima e senza rima.
Poiché le poesie in rima sono le piú difficili e allenano a una costante ricerca di parole nuove, vi sarà spiegato solo come comporre queste ultime. Per facilitarvi il compito in fondo al volume vi abbiamo preparato un rimario, cioè un elenco in ordine alfabetico, di parole che fanno rima tra loro.
Quando sarete ben allenati a scrivere versi in rima, potrete scatenarvi a scrivere anche tutte le poesie senza rima che la vostra ispirazione vi suggerirà.
Ma solo dopo. Adesso fate i primi passi con l'aiuto delle rime.

L'esercizio piú semplice è quello di costruire una composizione poetica di quattro versi usando nome e cognome di un vostro amico, parente o di un compagno di scuola. Oppure del vostro eroe preferito. Qui di fianco troverete qualche esempio ispirato ai nomi dei vostri colleghi già affermati, tutti Giovani Scrittori Creativi che hanno mosso come voi i primi passi esitanti fra le parole e che sono arrivati a farsi mettere in testa la corona d'alloro.

Dante Alighieri
non ti sa dir cosa ha fatto ieri.
Alighieri Dante
ha la memoria un po' zoppicante.

Gianni Rodari
è il piú irrequieto degli scolari.
Rodari Gianni
ha un conto aperto col battipanni.

Carolina Invernizio
ruba le mummie al museo Egizio.
Invernizio Carolina
nasconde scheletri laggiú in cantina.

Ludovico Ariosto
mangia per pranzo ciliegie arrosto.
Ariosto Ludovico
mangia per cena due acciughe e un fico.

Giosuè Carducci
se non stai attento ti ruba gli astucci.
Carducci Giosuè
risponde sempre quando non c'è.

Maria Bellonci
raccoglie in giro gatti malconci.
Bellonci Maria
se trova un cane lo manda via.

Alessandro Manzoni
mangia il gelato coi maccheroni.
Manzoni Alessandro
si fa la doccia con lo scafandro.

Luigi Pirandello
porta i calzini di suo fratello.
Pirandello Luigi
indossa sempre maglioni grigi.

Prisca Puntoni
odia i malvagi e ammira i buoni.
Puntoni Prisca
non c'è ingiustizia che lei subisca.

Ci vuole proprio il coraggio della signora Sforza! Dare una medaglia a quella vipera di Sveva Lopez del Rio.

Quando due versi immediatamente successivi, come quelli degli esempi appena visti, fanno rima tra loro, si parla di RIME BACIATE.

Ecco per esempio una poesia sui baci fatta tutta di rime baciate. In questo caso si può parlare anche di BACI RIMATI.

Mi piaci
quando taci.
Ti darei tanti baci,
roventi come braci
che bruciano in fornaci,
freschi come spinaci,
sinceri e non mendaci.

Come vedete abbiamo voluto esagerare e abbiamo usato, per tutti i versi, la medesima rima in ACI.

Ma perché si possa parlare di rime baciate, è sufficiente che i versi si rispondano a due a due, come nella poesia che segue:

Lepoldo bacia Ondina
in soffitta e in cantina.
La bacia con passione
nell'ombra del portone.
La bacia dopo cena
sotto la luna piena.
La bacia molto e spesso
chiedendole il permesso.
La bacia ancora e ancora
e Ondina s'innamora.

ESERCIZIO

Torniamo alle poesie di quattro versi fatte con nome e cognome. Tu come ti chiami? E il tuo compagno di banco? E la tua amica del cuore?

Dai, prova! Comincia a scrivere nome e cognome nella prima riga e cognome e nome nella terza. Poi se non ti viene la rima, va a guardare nelle pagine del rimario, in fondo al libro. Magari ne trovi una bellissima.

Matteo Mannironi,
mangia solo maccheroni
Mannironi Matteo,
Ha un amico di nome Teo

Lisa Debertoli,
ha degli amici a cui piace stare soli
Debertoli Lisa,
è pendente come la torre di Pisa

Bastiano Pasella,
ha la più bella sorella
Pasella Bastiano,
suona il piano

Fenicottera Osonta,
peccato è morta!
Osorta Fenicottera
si, una volta c'era!

Lezione n. 14

Alla ricerca delle rime perdute

Qua sotto troverete una breve poesia dedicata a una nostra amica. Da otto righe però è scomparsa la parola finale, quella che, grazie alla rima o al ritmo, incatena il verso agli altri che stanno, anche se non immediatamente, sopra e/o sotto.
Le rime scomparse sono finite nella pagina accanto, mescolate ad altre che non c'entrano affatto.
Volete provare, leggendo con attenzione tutta la poesia, a rimettere ogni rima al posto che le spetta?
Troverete la soluzione esatta capovolgendo la pagina accanto, ma non barate, per favore. Aspettate di aver finito l'esercizio prima di andare a guardare.

Su una zattera spinta dallo zeffiro
Zelia se ne va a zonzo zufolando.
Chiude gli occhi, ____________ (1)
alle storie che dentro le ____________ (2)
come fontane, e che scriverà un giorno.
Storie tutte da ridere
di zanzare che portano gli zoccoli,
di zebre con le zanne e con i ____________ (3),
di zitelle e di zingare
che mangiano zibibbo cotto al ____________ (4),
zuppa di zafferano con lo zenzero
e zollette di ____________ (5)
Pan tra le canne suona la zampogna.
Zelia, sognando, non ha fatto i compiti.
Domani, che ____________ (6),
quando con lo zainetto entrerà a ____________ (7)
con grandissimo scorno
prenderà zero. Ma che importa? Un ____________ (8)
sarà famosa, e questo la consola.

Cerca tra queste le otto rime giuste e rimettile al loro posto. Oppure, se preferisci, inventane delle altre, purché la poesia conservi un senso. In entrambi i casi comincia con lo scriverle a matita. Ti verrà meglio correggere se cambierai idea.

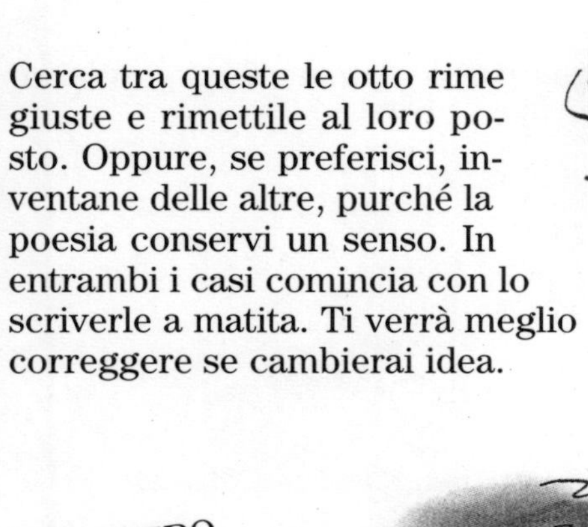

ZUCCHERO
GIORNO
BISOGNA
AIUOLA
VERGOGNA
FRENI
SFORZO
ZORRO
ARMANDO
PENSANDO
ZAMPIRONE
BOCCOLI
FORNO
ZAMPILLANO
SCUOLA
MARMO

Questa è Zelia, la sorellina di Diana Serra. Me l'ha data lei (Diana) la foto. Vero che è una bambina bellissima?

1. pensando, 2. zampillano, 3. boccoli, 4. forno, 5. zucchero, 6. vergogna, 7. scuola, 8. giorno

Provate adesso a sistemare le cinque parole mancanti in quest'altra poesia:

Angela, lo dice il nome,
è una bambina ____________ (1)
e quindi andrà ad Ancona
a comprare un paio di ________ (2).
Laggiú ne vendono, eccome,
di molto, molto speciali.
Costano tre baci al paio.
Quando hai voglia di volare
le indossi come un __________ (3).
Altrimenti le puoi __________ (4)
e riporre dentro a un cassetto.
Pensa altrimenti che ________ (5)
al momento di andare a letto!

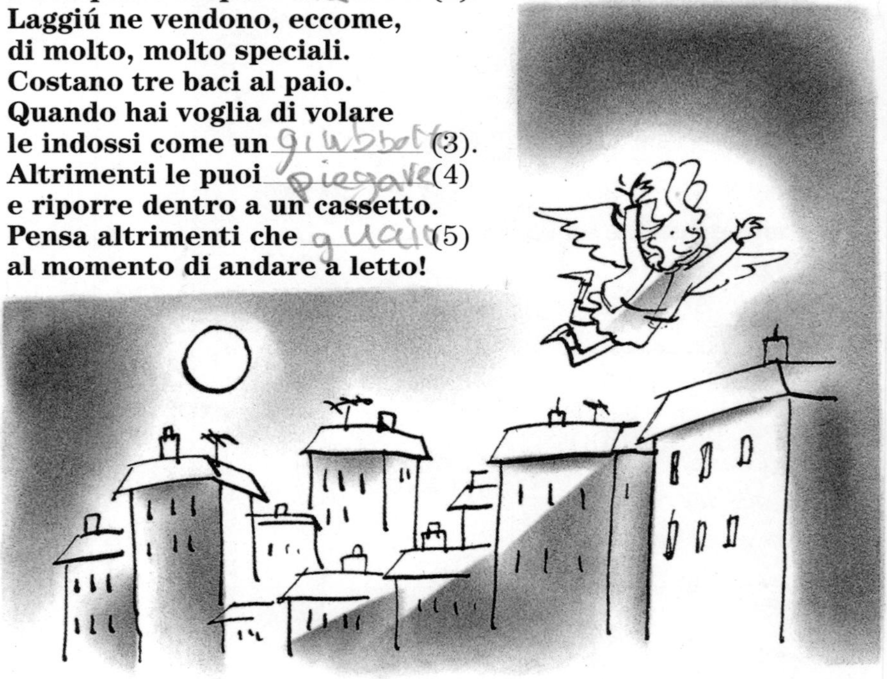

Le cinque rime giuste sono nascoste fra queste parole. Cercatele e rimettetele al loro posto. Se non le trovate, capovolgendo la pagina, avrete le soluzioni.

BUONA GRAFFIA ALI CUBITALI BACCANO ROSMARINO
PROMETTO GIUBBETTO GUAIO TORTO
PIEGARE ROSPO CORONA CUCCHIAIO

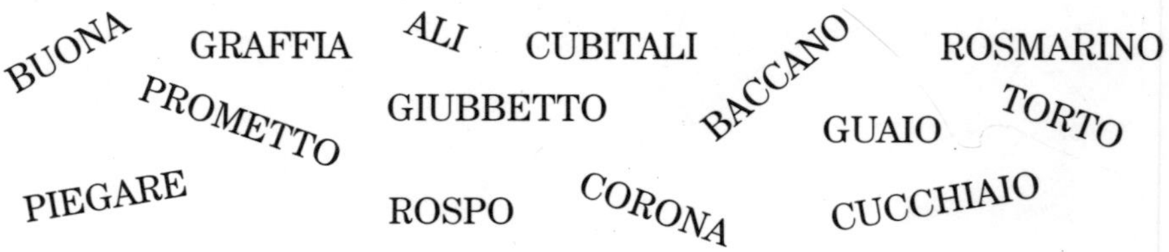

1. buona, 2. ali, 3. giubbetto, 4. piegare, 5 guaio

ESERCIZIO

Be', che esercizio volete che vi assegniamo! Ma una terza ricerca di rime perdute, naturalmente. Questa volta però non vi suggeriamo le rime perdute, neppure mescolate ad altre. Dovete ricostruirle da soli.

Pensierosa sulla ____________ (1)
del giardino abbandonato
Prisca guarda il biancospino
che prepotente ha invaso il ____________ (2).
Ha paura e insieme ha voglia
di entrare dentro il ____________ (3).
Basta che scenda un ____________ (4)
e il verde l'abbraccerà.
«Rude rovo di spina,
bianca neve di fiori,
pensaci bene, ____________ (5)
se ti pungi sono ____________ (6).
Non entrare. Resta là
o almeno mettiti i ____________ (7).»
Precipitosamente
Prisca però si fa avanti
e il profumo la circonda
dolcemente, dolcemente.
Una goccia rossa e ____________ (8),
lucente come un ____________ (9)
le sta fiorendo sulle dita.
La vale bene, il giardino,
questa piccola ____________ (10)!

1. soglia, 2. prato, 3. giardino, 4. gradino, 5. bambina, 6. dolori, 7. guanti, 8. tonda, 9. rubino, 10. ferita

Lezione n. 15

Tagliamo le code e mettiamole in fila

Un apprendista poeta, come tutti i principianti, deve essere molto umile e cominciare a esercitarsi leggendo e riflettendo sulle poesie dei colleghi piú esperti.

Vi proponiamo quindi un esercizio che viene usato spesso da certi Giovani Scrittori Creativi francesi, grandi inventori e sperimentatori di giochi di parole.

Consiste nel prendere una poesia già esistente (non importa se famosa o no, purché ci piaccia), separare le ultime parole di ogni verso (non solo una, ma anche le ultime due o tre, se ci servono) e infine usarle, sempre come finali, per inventare una nuova poesia. Questa potrà somigliare alla prima, ma anche essere del tutto differente.

Per esempio, la poesia di Giovanni Pascoli intitolata "L'aquilone" comincia con questi versi:

Quella volta Gabriele, per recuperare l'aquilone, si è arrampicato sull'albero, è caduto e si è rotto un braccio.

C'è qualcosa di nuovo oggi nel sole,
anzi d'antico; io vivo altrove, e sento
che sono intorno nate le viole.
Son nate nella selva del convento
dei cappuccini, tra le morte foglie
che al ceppo delle querce agita il vento.

Ora isoliamo, in ogni verso, l'ultima parola. Una fra le molte nuove poesie che queste finali possono suggerire è:

Splende il sole.
Nell'aria sento
profumo di viole
vicino al convento.
Sospiran le foglie
scrollate dal vento.

Piú avanti, nella stessa poesia, Giovanni Pascoli parla proprio dell'aquilone:

Ed ecco ondeggia, pencola, urta, sbalza,
risale, prende il vento; ecco pian piano
tra un lungo dei fanciulli urlo s'innalza.
S'innalza; e ruba il filo dalla mano
come un fiore che fugga sullo stelo
esile, e vada a rifiorir lontano.

Dalle finali può nascere, tra le tante possibili, questa nuova poesia:

Ecco che sbalza!
Ecco, pian piano,
nell'aria s'innalza.
Mi sfugge di mano.
Il filo è uno stelo
ma il fiore vola lontano.

ESERCIZIO

E ora provate voi con le parole finali dei versi d'una poesia di Roberto Piumini:

________________ parrucchiera
________________ la criniera
________________ per favore
________________ per signore
________________ la criniera
________________ parrucchiera
________________ sale in zucca
________________ una parrucca
________________ poco pelo
________________ con gran zelo
________________ grande ciuffo
________________ cosí buffo
________________ tutta intera
________________ parrucchiera

Sembra già una poesia completa, vero? Invece non è cosí. Per ora non vi mostriamo la versione integrale, per non influenzarvi. Lavorate su queste parole. Dopo, e solo dopo, capovolgete la pagina e andate a leggervi la poesia di Piumini.

Potete ripetere l'esercizio con qualsiasi poesia e filastrocca. Ricordatevi solo, all'inizio, di scegliere quelle con le rime. Piú avanti, quando sarete diventati piú esperti, potrete cominciare a farlo anche con le poesie senza rima.

LA PARRUCCHIERA

Andò un leone da una parrucchiera
per farsi pettinare la criniera.
Lei disse: «Se ne vada per favore,
sono una parrucchiera per signore!»
«Ma la leonessa non ha la criniera»
spiegò il leone a quella parrucchiera.
Quella, che non aveva sale in zucca,
disse: «Le metteremo una parrucca!»
Venne la leonessa Pocopelo
e quella parrucchiera, con gran zelo,
le sistemò sul capo un grande ciuffo.
«Mai visto un animale cosí buffo!»
strillò la Pocopelo, e tutta intera,
per rabbia, si mangiò la parrucchiera.

Roberto Piumini

Lezione n. 16

Parole al vento

Esaminiamo le foto che illustrano questa lezione.

Anche queste foto me le ha date Diana Serra. Io non so perché questi grandi, invece di aiutare i bambini in difficoltà, li fotografano.

Quali sono gli elementi che colpiscono di piú? I capelli di Zelia, poi il vento, le foglie, la strada per la scuola. (Questi sono quelli che hanno colpito noi. Se a voi ne vengono in mente degli altri, scriveteli pure.) Analizziamoli uno per uno, e per ognuno troviamo una serie di parole adatte, e poi quelle che fanno rima con le prime.

Saranno tutte queste parole a suggerirci mille modi di fare una poesia su questa situazione.

I CAPELLI

Cosa fanno?	Come sono?	Cosa sembrano?
svolazzano	indomabili	spaghetti
si aggrovigliano	ribelli	serpentelli
accecano	leggeri	fili d'erba
frustano	sciolti	trucioli
schioccano	lunghi	
pendono	arruffati	

LE FOGLIE

Cosa fanno?	Come sono?	Cosa sembrano?
volano	morte	farfalle vegetali
vorticano	secche	ballerine
planano	gialle	uccelli in volo
frusciano	leggere	bambini in vacanza
rotolano	strappate	barchette nel vento

IL VENTO

Cosa fa?	Com'è?	Cosa sembra?
soffia	impetuoso	cantare
strapazza	violento	muro invisibile
scompiglia	invisibile	mani forti
strappa	trasparente	soffio di un gigante
ostacola	autunnale	respiro del cielo
fischia	contrario	aspirapolvere
gonfia	dispettoso	
	prepotente	
	sonoro	

ZELIA

Cosa fa?	Com'è?	Cosa sembra?
va a scuola	coraggiosa	una foglia secca
cammina	testarda	un cavaliere che lotta col drago
resiste	decisa	una nave nella tempesta
ondeggia	combattiva	un groviglio di spaghetti
attraversa	assonnata	una sonnambula
vacilla	sballottata	una boa nel mare agitato
pensa	sospinta	
lotta	disorientata	
parte	spettinata	
arriva	imperturbabile	

E adesso vediamo cosa fa RIMA con capelli (si possono chiamare anche chiome o capigliatura), vento, foglie, strada.

CAPELLI
alberelli
cammelli
bidelli
castelli
coltelli
duelli
fuscelli
monelli
ombrelli
pipistrelli
ramicelli
saltelli
spiritelli
tranelli

CHIOME
addome
cognome
come
dome (domate)

CAPIGLIATURA
andatura
avventura
cattura
congiura
disinvoltura
misura
natura
paura
puntura
radura
rottura
sciagura
scultura
ventura

VENTO
ardimento
argento
bastimento
cedimento
cento
cemento
cimento
cruento
evento
frammento
godimento
macilento
monumento
patimento
portento
rallento
spento
strumento
talento
tormento

FOGLIE
accoglie
coglie
foglie
moglie
scioglie
spoglie
voglie

STRADA
bada
contrada
giada
rada
rugiada
spada
vada

Naturalmente potete usare tutte le altre parole che vi servono e che la situazione vi suggerisce, come brivido, mattina presto, sonno ecc…

Possono nascere migliaia di poesie, tante quanti sono i gusti e l'allenamento dei diversi Giovani Scrittori Creativi.
Noi ve ne presentiamo un paio che ci sono venute in mente lí per lí, per dimostrarvi come le stesse parole e lo stesso argomento possono dare risultati molto diversi.

POESIA NUMERO UNO

Zelia Serra va a scuola controvoglia
e il vento sembra chiuderle la strada.
Vorticando nell'aria qualche foglia
le danza attorno, ma lei non ci bada.
Avanza a testa china contro il vento
che sibilando le gonfia i capelli
come gonfia le vele al bastimento,
come soffiando scuote gli alberelli.
Ma Zelia Serra avanza a testa china.
Vincerà il vento, oppure la bambina?

POESIA NUMERO DUE

Soffia forte il vento,
violento mi sbarra la strada,
canta e fischia tra le mie chiome;
come un muro mi si oppone
da qualunque parte io vada.
Sembra chiedermi: «Come, come?
Le foglie gialle giocan nell'aria
e tu insisti ad andare a scuola
di mattina, cosí presto?
In un giorno come questo
ti sembra una cosa necessaria?»

POESIA NUMERO TRE
(Questa non l'abbiamo finita. Dovete continuarla e concluderla voi.)

Soffia forte il vento violento,
lo sento come un muro d'aria
invisibile e resistente:
non vuole lasciami passare.
Vediamo chi vince, prepotente!
A scuola ho deciso di andare.
Non insistere. Hai voglia
di gettarmi contro qualche foglia!
Di strapazzarmi i capelli
con le tue mani tenaci.
Hai capito no!
Ormai arrivata son io

Se invece preferite, potete concentrarvi un po' e inventare, con le parole che vi abbiamo suggerito o con le nuove che troverete voi, una poesia completamente diversa.

HALLOWEEN

Aia! C'è un fantasma sotto
le mura, che paura! C'è stata
una sciagura: la strega con la
schiuma ha spaventato a morte
Il diavolo
rosso

ESERCIZIO

Quali sono gli elementi che vi colpiscono di piú nei disegni qua sopra? Provate a scrivere quali sono, cosa fanno, come sono e cosa sembrano. Poi divertitevi a cercare per ognuno di loro una colonna di rime.

E infine, con queste parole, componete una, due, tre, tantissime poesie.

Vomito liscio,
bello si, ma terterra lo lascio
Vomito meraviglioso,
umm.. che bello ma toccarla
non oso!

Congratulazioni, amici!

Se ci avete seguito fino a questa pagina, significa che avete completato il corso e siete diventati dei Giovani Scrittori Creativi a tutti gli effetti.
Le porte del successo, della ricchezza e della gloria sono spalancate davanti a voi.
Milioni e milioni di lettori, in tutte le parti del mondo, aspettano ansiosamente di leggere i vostri capolavori.

MA...

... ma c'è ancora un ultimo, piccolo ostacolo da superare, un'inezia che si frappone ancora tra voi e i vostri lettori.
Per raggiungerli, infatti, voi avete bisogno di un

EDITORE

che moltiplichi il vostro capolavoro in milioni e milioni di copie e lo porti là dove i vostri potenziali lettori fremono nell'attesa.
Anche gli Editori – parrebbe logico pensare – fremono dal desiderio di mettere le mani su un capolavoro come il vostro. Trepidanti spedite il manoscritto... E dopo qualche settimana o mese o anno...

Va bene, va bene. Come non detto. Bisognerà tentare un'altra strada. Tutti i piú celebri G.S.C. quando erano alle prime armi hanno dovuto affrontare qualche difficoltà. Se no che gusto ci sarebbe a trionfare fra mille scrittorucoli rivali?

Oppure, se siete stufi di ricevere cortesi rifiuti, potete prendere in considerazione l'idea di diventare editore di voi stessi.
Cosa ne direste se la settimana prossima ci iscrivessimo a un Corso per Giovani Editori di Successo? Datemi notizie.

Il vostro affezionato insegnante

Rimario

Le parole che troverete elencate in queste pagine sono riunite in gruppi che non seguono l'ordine alfabetico della lettera iniziale, come accade nei vocabolari. L'ordine in cui sono elencate – e che dovete tener presente per cercarle – è quello della rima, cioè delle lettere finali.
Perché due parole facciano rima tra loro, è necessario che tutte le lettere comprese tra quella con l'accento e quella finale, siano identiche.
Perciò se l'accento cade sull'ultima, come in papà, *questa parola farà rima con qualsiasi altra che abbia l'accento sulla* a *finale:* mustafà, eredità *ecc.*
Se l'accento cade sulla vocale della penultima sillaba, come in leggère *o* fucíle, *per la rima occorrerà trovare delle parole che terminano in* ère *o* íle *come* piacère, gentíle *ecc.*
Se l'accento cade sulla terzultima sillaba, come lèggere *o* fàcile, *il gruppo di lettere identiche dovrà essere piú lungo:* èggere, àcile *come* protèggere, gràcile *ecc.*
Quindi per trovare la rima che vi serve, dovrete prima identificare il gruppo di lettere che vi interessa nella parola da cui partite, e poi cercare questo stesso gruppo, disposto in ordine alfabetico, ma, attenzione, in coda *alle parole.*
Vi sembra un po' complicato? Non preoccupatevi. Date un'occhiata qua e là tra le pagine seguenti, e capirete immediatamente.

Anzi, vi consiglio, se vi diverte, di leggervi ogni tanto un po' di questi elenchi come se fossero un racconto o una poesia, anche se le parole non sono disposte secondo un senso. Scoprirete quali sono le finali piú frequenti nella lingua italiana (quelle che vi danno una grandissima scelta di parole con la stessa rima) e anche quanti buffi accostamenti si possono fare seguendo le rime. È una lettura che vi servirà come fonte di ispirazione.

Naturalmente nessuno si aspetta che voi conosciate il significato di tutte queste parole. Se ce n'è qualcuna che non conoscete, usate il vocabolario.
A proposito: qui non ci sono TUTTE le rime possibili, ma solo quelle che io uso piú di frequente e che mi sembrano piú interessanti. Niente vieta che voi ne usiate delle altre. E potete benissimo usare delle parole con finali non identiche ma simili, per esempio con e senza doppia, come gatto *e* grato.
Potete anche usare delle parole inventate se non trovate la rima che vi piace.
Il bello della poesia è che si può usare la lingua in libertà, a seconda delle esigenze.
Un'ultima parola: è facile trovare la rima mettendo in fila tanti diminutivi: fiorellino, piccolino, bellino *ecc… ma i risultati non sono molto originali.*
Per Martino *sforzatevi di cercare un* cugino, *un* pinguino, *un* sopraffino. *Vi darà molta piú soddisfazione.*

A

abilit**à**
agilit*à*
antichit*à*
assurdit*à*
atrocit*à*
autorit*à*
avidit*à*
bont*à*
brevit*à*
calamit*à*
carit*à*
celebrit*à*
chiss*à*
civilt*à*
comicit*à*
comodit*à*
cordialit*à*
crudelt*à*
curiosit*à*
dignit*à*
divinit*à*
enormit*à*
eredit*à*
estremit*à*
et*à*
eternit*à*
facilit*à*
fedelt*à*
felicit*à*
festivit*à*
generosit*à*
genialit*à*
golosit*à*
gravit*à*
hurr*à*
ilarit*à*
immortalit*à*
inferiorit*à*
lealt*à*
libert*à*
maest*à*
nobilt*à*
novit*à*
obesit*à*
ol*à*
onest*à*
pap*à*
pasci*à*
perplessit*à*
piet*à*
povert*à*
propriet*à*
qualit*à*
quantit*à*
realt*à*
regolarit*à*
saziet*à*
serenit*à*
severit*à*
societ*à*
sof*à*
solennit*à*
solidit*à*
specialit*à*
superiorit*à*
umanit*à*
umilt*à*
universit*à*
vanit*à*
variet*à*
velocit*à*
verit*à*
vilt*à*
vivacit*à*
voracit*à*

g**abbia**
r*abbia*
s*abbia*

abile
fri*abile*
incroll*abile*
insazi*abile*
inst*abile*
l*abile*
miser*abile*
(i derivati dai verbi in *are* come am*abile* ecc.)

am**aca**
br*aca*
clo*aca*
lum*aca*

b**acca**
bar*acca*
c*acca*
cas*acca*
fi*acca*
gi*acca*
p*acca*
ris*acca*
s*acca*
st*acca*
v*acca*

corn**acchia**
gr*acchia*
m*acchia*
p*acchia*

bis**accia**
borr*accia*
c*accia*
f*accia*
foc*accia*
min*accia*
(i dispregiativi di termini femminili come rob*accia* ecc.)

abbr**accio**
br*accio*
c*accio*
crep*accio*
f*accio*
ghi*accio*
l*accio*
min*accio*
sp*accio*
str*accio*
t*accio*
tr*accio*
(i dispregiativi come libr*accio* ecc.)

b**acco**
colb*acco*
cos*acco*
p*acco*
pol*acco*
s*acco*
sc*acco*
sm*acco*
sp*acco*
st*acco*
tab*acco*

aud**ace**
br*ace*
cap*ace*
loqu*ace*
perspic*ace*
pi*ace*
rap*ace*
t*ace*
ten*ace*
tor*ace*
viv*ace*
vor*ace*

cet**aceo**
crost*aceo*
cori*aceo*
gallin*aceo*

b**acio**
c*acio*
comb*acio*
spin*acio*

b**aco**
mac*aco*
op*aco*
pl*aco*
ubri*aco*

mir**acolo**
or*acolo*
ost*acolo*
tent*acolo*

b**ada**
bi*ada*
contr*ada*
gi*ada*
r*ada*
rugi*ada*
sp*ada*
str*ada*

arm**adio**
r*adio*
st*adio*

d**ado**
gr*ado*
gu*ado*
parent*ado*
r*ado*
v*ado*

l**adro**
leggi*adro*
qu*adro*
soqqu*adro*
squ*adro*

car**affa**
gir*affa*
st*affa*

arr**affo**
b*affo*
schi*affo*

m**aga**
p*aga*
pi*aga*
s*aga*

ass**aggio**
cor*aggio*
f*aggio*
form*aggio*
lav*aggio*
mir*aggio*
om*aggio*
ost*aggio*
pattin*aggio*
person*aggio*
r*aggio*
salvat*aggio*
scaraf*aggio*
selv*aggio*
spion*aggio*
tatu*aggio*
vi*aggio*
vill*aggio*

agio
dis*agio*
malv*agio*
naufr*agio*
pres*agio*
rand*agio*

batt**aglia**
bosc*aglia*
can*aglia*
m*aglia*
med*aglia*
mitr*aglia*
p*aglia*
qu*aglia*
sc*aglia*
squ*aglia*
ten*aglia*
tov*aglia*

abb**aglio**
aglio
ammir*aglio*
bav*aglio*
dett*aglio*
guinz*aglio*
imbav*aglio*
pend*aglio*
rit*aglio*
sc*aglio*
serr*aglio*
son*aglio*

spir*aglio*
t*aglio*

c**agna**
calc*agna*
camp*agna*
cast*agna*
cucc*agna*
las*agna*
lav*agna*
mont*agna*

b**agno**
calc*agno*
comp*agno*
guad*agno*
r*agno*
st*agno*

ago
dr*ago*
ind*ago*
l*ago*
m*ago*
p*ago*
sp*ago*
sv*ago*

cav**alco**
f*alco*
p*alco*
sc*avalco*
t*alco*

autunn**ale**
ban*ale*
besti*ale*
bracci*ale*
can*ale*
cannocchi*ale*
cattedr*ale*
cavi*ale*
cinghi*ale*
cordi*ale*
fan*ale*
fat*ale*
ide*ale*
invern*ale*
le*ale*
loc*ale*
m*ale*
medioev*ale*
nav*ale*
orient*ale*
osped*ale*
proverbi*ale*
pugn*ale*
qu*ale*
quint*ale*
re*ale*
s*ale*
scaff*ale*
schien*ale*
ser*ale*
stiv*ale*
ven*ale*
vi*ale*
voc*ale*

occhi**ali**
p*ali*
stiv*ali*

f**alla**
farf*alla*
g*alla*
p*alla*
pi*alla*
sp*alla*
st*alla*

b**allo**
cav*allo*
cor*allo*
crist*allo*
g*allo*
gi*allo*
met*allo*
pappag*allo*
piedest*allo*
sciac*allo*

alto
asf*alto*
ass*alto*
sm*alto*

br**ama**
d*ama*
f*ama*
l*ama*
panor*ama*
pigi*ama*
squ*ama*
tr*ama*

es**ame**
falegn*ame*
fogli*ame*
inf*ame*
pel*ame*
r*ame*
sci*ame*
teg*ame*

dr**amma**
fi*amma*
g*amma*
m*amma*
telegr*amma*

amo
chi*amo*
escl*amo*
r*amo*
ric*amo*

c**ampo**
cr*ampo*
l*ampo*
sc*ampo*

ban**ana**
bef*ana*
carov*ana*
coll*ana*
fr*ana*
genzi*ana*
l*ana*
ped*ana*
r*ana*
sav*ana*
sott*ana*
t*ana*
tis*ana*

b**anca**
bi*anca*
br*anca*
cassap*anca*
m*anca*

ar**ancia**
gu*ancia*
l*ancia*
m*ancia*
p*ancia*

ar**ancio**
g*ancio*
l*ancio*

arr**anco**
bi*anco*
br*anco*
fi*anco*
m*anco*
saltimb*anco*
st*anco*

b**anda**
bev*anda*
br*anda*
dom*anda*
ghirl*anda*
loc*anda*
Ol*anda*
ver*anda*

gr**ande**
mut*ande*
viv*ande*

c**ane**
imm*ane*
marzap*ane*
p*ane*
stam*ane*

f**ango**
or*ango*
paraf*ango*
pi*ango*
rim*ango*
rimpi*ango*
t*ango*

cristi**ani**
dom*ani*
m*ani*
rim*ani*

c**anna**
cap*anna*
cond*anna*
m*anna*
n*anna*
p*anna*
z*anna*

anno
cond*anno*
d*anno*
f*anno*
mal*anno*
os*anno*
p*anno*
tir*anno*

aeropl**ano**
afric*ano*
ban*ano*
br*ano*
capit*ano*
div*ano*
egizi*ano*
fagi*ano*
gabbi*ano*
gr*ano*
indi*ano*
inv*ano*
itali*ano*
mals*ano*
m*ano*
melogr*ano*
m*ano*
ortol*ano*
paes*ano*
pant*ano*
parmigi*ano*
pellic*ano*
pi*ano*
urag*ano*
vill*ano*
zaffer*ano*

ait**ante**
aiut*ante*
allarm*ante*
ambul*ante*
arrog*ante*
bagn*ante*
brig*ante*
chirom*ante*
consol*ante*
dist*ante*
elef*ante*
fragr*ante*
gal*ante*
gongol*ante*
ignor*ante*
insegn*ante*
ist*ante*
mendic*ante*

alqu**anto**
altrett*anto*
gu*anto*
inc*anto*
int*anto*
m*anto*
pi*anto*
rimpi*anto*
s*anto*
schi*anto*
t*anto*
v*anto*

abbond**anza**
alle*anza*

arrog*anza*
d*anza*
dist*anza*
eleg*anza*
petul*anza*
st*anza*
stravag*anza*
us*anza*
vac*anza*

d**anzo**
m*anzo*
pr*anzo*
rom*anzo*

birign**ao**
cac*ao*
ci*ao*
mi*ao*

cappa
m*appa*
p*appa*
z*appa*

b**ara**
cagn*ara*
fanf*ara*
g*ara*
marin*ara*
scol*ara*
zanz*ara*

arca
b*arca*
m*arca*
mon*arca*
patri*arca*

bugi**ardo**
cod*ardo*
ghep*ardo*
infing*ardo*
l*ardo*
leop*ardo*
mili*ardo*
pet*ardo*
s*ardo*
sgu*ardo*
test*ardo*
tragu*ardo*

-are
(i verbi
con infinito in
are)

aria
cib*aria*
lapid*aria*
ortic*aria*
sanguin*aria*
statu*aria*

av**aro**
caro
chi*aro*
dan*aro*
f*aro*
giagu*aro*
ign*aro*
imp*aro*
r*aro*
rip*aro*
scol*aro*
sep*aro*
som*aro*
sp*aro*

arpa
carpa
sc*arpa*
sci*arpa*

chit**arra**
gazz*arra*
sb*arra*
scimit*arra*

bizz**arro**
carro
cat*arro*
n*arro*
ram*arro*
sb*arro*

arto
inc*arto*
p*arto*
qu*arto*
s*arto*
squ*arto*

m**arzo**
qu*arzo*
sf*arzo*

burr**asca**
fr*asca*
t*asca*
v*asca*

b**asso**
chi*asso*
frac*asso*
gr*asso*
m*asso*
p*asso*
s*asso*
sc*asso*
sp*asso*

asta
b*asta*
cat*asta*
ginn*asta*
p*asta*
t*asta*

acqu**atico**
fan*atico*
lun*atico*
pneum*atico*
selv*atico*

fat**ato**
foss*ato*
gr*ato*
inn*ato*
inton*ato*
ir*ato*
l*ato*
pass*ato*
pium*ato*
pr*ato*
prim*ato*
pugil*ato*
rassegn*ato*
regal*ato*
sal*ato*
stell*ato*
ston*ato*
str*ato*
tatu*ato*
(i participi
passati dei
verbi in *are*)

bl**atta**
chi*atta*
ciab*atta*
f*atta*
l*atta*
ov*atta*

aff**atto**
atto
b*atto*
es*atto*
g*atto*
olf*atto*
m*atto*
pi*atto*
sci*atto*

chi**ave**
gr*ave*
n*ave*
tr*ave*

avo
br*avo*
cavo
l*avo*
sc*avo*
schi*avo*

di**avola**
f*avola*
t*avola*

c**avolo**
bis*avolo*
tris*avolo*

ringr**azio**
s*azio*
sp*azio*
top*azio*

chi**azza**
cor*azza*
m*azza*
pi*azza*
rag*azza*
r*azza*
terr*azza*

m**azzo**
pal*azzo*
paon*azzo*
pup*azzo*
rag*azzo*
r*azzo*
sp*azzo*
svol*azzo*

E

ahim**è**
bid*è*
bign*è*
caff*è*
cio*è*
coccod*è*
gil*è*
pur*è*
r*e*
scimpanz*é*
t*e*
tr*e*

azal**ea**
cont*ea*
d*ea*
diarr*ea*
epop*ea*
id*ea*
mar*ea*
ninf*ea*
odiss*ea*
orchid*ea*

bibliot**eca**
discot*eca*
gr*eca*
ipot*eca*

bist**ecca**
cil*ecca*
m*ecca*
p*ecca*
z*ecca*

appar**ecchio**
ferrov*ecchio*
or*ecchio*
par*ecchio*
punz*ecchio*
s*ecchio*
sonn*ecchio*
sp*ecchio*
v*ecchio*

br**eccia**
cort*eccia*
fr*eccia*
tr*eccia*

azz**ecco**
b*ecco*
ecco
l*ecco*
p*ecco*
s*ecco*
stamb*ecco*
st*ecco*

bi**eco**
ci*eco*

eco
impr*eco*
trich*eco*

pr**eda**
sch*eda*

er**ede**
f*ede*
Ganim*ede*
marciapi*ede*
pi*ede*
sede
v*ede*

ed**era**
fed*era*

-edere
(gli infiniti
dei verbi
come
chi*edere* ecc.)

d**edica**
m*edica*
pr*edica*

a**edo**
cr*edo*
spi*edo*
v*edo*

c**edro**
poli*edro*
pul*edro*

b**effo**
c*effo*
sberl*effo*

carn**efice**
or*efice*
pont*efice*

b**ega**
bott*ega*
coll*ega*
sega
str*ega*

agg**eggio**
camp*eggio*
gorgh*eggio*
nol*eggio*
p*eggio*
post*eggio*
volt*eggio*

cili**egio**
coll*egio*
egr*egio*
sacril*egio*
sfr*egio*
sortil*egio*

d**egno**
dis*egno*
disd*egno*
imp*egno*
l*egno*
p*egno*
r*egno*
sd*egno*
segno

col**ei**
d*ei*
l*ei*
mi*ei*
sei

cand**ela**
caut*ela*
m*ela*
misc*ela*
parent*ela*
ragnat*ela*
tela
v*ela*

crud**ele**
fed*ele*
mi*ele*

asc**ella**
bancar*ella*
bret*ella*
bud*ella*
caram*ella*
carav*ella*
ciamb*ella*
coccin*ella*
damig*ella*
donz*ella*
fritt*ella*
gazz*ella*
manov*ella*
masc*ella*
mozzar*ella*
nov*ella*
pad*ella*
pag*ella*
pulcin*ella*
scod*ella*
sentin*ella*
sor*ella*
st*ella*
varic*ella*
zit*ella*

agn**ello**
an*ello*
batt*ello*
bid*ello*
camm*ello*
campan*ello*
cap*ello*
cart*ello*
cast*ello*
cerv*ello*
colt*ello*
du*ello*
flag*ello*
forn*ello*
frat*ello*
fringu*ello*
gem*ello*
gioi*ello*
grimald*ello*
indovin*ello*
mac*ello*
mod*ello*
ombr*ello*
penn*ello*
pipistr*ello*
rastr*ello*
sn*ello*
ucc*ello*
vasc*ello*
vit*ello*
zimb*ello*

asfod**elo**
b*elo*
ci*elo*
gelo
m*elo*
pelo
sfac*elo*
st*elo*
telo
velo
zelo

cr**ema**
diad*ema*
ecz*ema*
po*ema*
probl*ema*
sch*ema*
sist*ema*
tema
teor*ema*

dil**emma**
fl*emma*
g*emma*
st*emma*
stratag*emma*

crisant**emo**
fr*emo*
gemo
pr*emo*
remo
sc*emo*
sist*emo*
temo
tr*emo*

altal**ena**
amar*ena*
app*ena*
bal*ena*
cantil*ena*
cat*ena*
cena
Maddal*ena*
pena
pi*ena*
r*ena*
sc*ena*
schi*ena*
ser*ena*
v*ena*

ag**enda**
b*enda*
facc*enda*
legg*enda*
mer*enda*
tenda
vic*enda*

acc**endo**
orr*endo*
stup*endo*
trem*endo*

cen**ere**
degen*ere*
gen*ere*
ven*ere*

gard**enia**
n*enia*
tenia

ars**enico**
igi*enico*
nevrast*enico*

ant**enna**
cot*enna*
penna
r*enna*
str*enna*

ali**eno**
alm*eno*
arcobal*eno*
bal*eno*
fi*eno*
ser*eno*
tr*eno*
vel*eno*

d**enso**
int*enso*
mel*enso*
senso

m**enta**
pol*enta*
torm*enta*
tr*enta*

accid**ente**
assist*ente*
avven*ente*
cli*ente*
concorr*ente*
coer*ente*
defici*ente*
d*ente*
dilig*ente*
eccell*ente*
fur*ente*
gente
incompet*ente*
indol*ente*
innoc*ente*
intellig*ente*
l*ente*
mitt*ente*
occid*ente*
onnipot*ente*
ori*ente*
par*ente*
pat*ente*

paz*iente*
pot*ente*
pres*ente*
presid*ente*
puzzol*ente*
rov*ente*
torr*ente*
traspar*ente*
(avverbi come
dolcem*ente*)

acc**ento**
alim*ento*
arg*ento*
argom*ento*
att*ento*
cem*ento*
c*ento*
cont*ento*
docum*ento*
fraudol*ento*
lam*ento*
l*ento*
macil*ento*
m*ento*
mom*ento*
parav*ento*
sgom*ento*
sonnol*ento*
sp*ento*
strum*ento*
succul*ento*
tal*ento*
torm*ento*
trucul*ento*
turbol*ento*
v*ento*
viol*ento*
(i derivati da
verbi come
abbattim*ento*,
tradim*ento*
ecc.)

ass**enza**
cosci*enza*
cred*enza*
decad*enza*
dec*enza*
differ*enza*
diffid*enza*
disubbidi*enza*
esist*enza*
esperi*enza*
evid*enza*
frequ*enza*
impazi*enza*
incosci*enza*
l*enza*
lic*enza*
maldic*enza*
part*enza*
pazi*enza*
penit*enza*
pestil*enza*
pot*enza*
prefer*enza*
pres*enza*
prud*enza*
sonnol*enza*
tend*enza*
turbol*enza*
urg*enza*
violenza

babb**eo**
camm*eo*
cort*eo*
galat*eo*
lic*eo*
maram*eo*
Morf*eo*
mus*eo*
n*eo*
pigm*eo*
pleb*eo*
Rom*eo*
trof*eo*

atmosf**era**
baleni*era*
barri*era*
buf*era*
caffetti*era*
canotti*era*
capin*era*
carri*era*
cassi*era*
col*era*
crini*era*
croci*era*
ereditii*era*
fi*era*
gal*era*
grovi*era*
mani*era*
mongolfi*era*
pant*era*
p*era*
ringhi*era*
scacchi*era*
schi*era*
scogli*era*
s*era*
v*era*

arci**ere**
barbi*ere*
cavali*ere*
corri*ere*
mesti*ere*
par*ere*
romanzi*ere*
trampoli*ere*

cadav**erico**
coll*erico*
ist*erico*
om*erico*
sf*erico*

crit**erio**
delet*erio*
putif*erio*
refrig*erio*
s*erio*
vitup*erio*

cav**erna**
cist*erna*
lant*erna*
luc*erna*
tav*erna*

est**erno**
et*erno*
gov*erno*
inf*erno*
inv*erno*
mat*erno*
mod*erno*
p*erno*
quad*erno*
sch*erno*

alt**ero**
aust*ero*
c*ero*
cimit*ero*
condotti*ero*
destri*ero*
foresti*ero*
imp*ero*
int*ero*
legg*ero*
messagg*ero*
mist*ero*
att**esa**
chi*esa*
dif*esa*
impr*esa*
off*esa*
pret*esa*
sorpr*esa*
sp*esa*
Ter*esa*

p**esca**
saracin*esca*
scolar*esca*
tr*esca*

cagn**esco**
cr*esco*
esco
fr*esco*
man*esco*
p*esco*
ri*esco*

arn**ese**
cin*ese*
cort*ese*
dif*ese*
maion*ese*
march*ese*
m*ese*
pa*ese*
siam*ese*
sp*ese*
turch*ese*

ob**eso**
p*eso*
sc*eso*
sottint*eso*
vilip*eso*

cipr**esso**
comm*esso*
compl*esso*
conf*esso*
congr*esso*
dim*esso*
ecc*esso*
f*esso*
g*esso*
ingr*esso*
l*esso*
m*esso*
oppr*esso*
oss*esso*
proc*esso*
rifl*esso*
sp*esso*
succ*esso*

c**esta**
cr*esta*
f*esta*
for*esta*
g*esta*
inchi*esta*
si*esta*
temp*esta*

c**esto**
d*esto*
fun*esto*
g*esto*
inv*esto*
l*esto*
m*esto*
mod*esto*
mol*esto*
on*esto*
p*esto*
pret*esto*
prot*esto*
t*esto*

fin**estra**
gin*estra*
min*estra*
orch*estra*
pal*estra*

alp**estre**
camp*estre*
equ*estre*
silv*estre*
terr*estre*

can**estro**
d*estro*
mal*estro*
sequ*estro*

asc**eta**
atl*eta*
com*eta*
di*eta*
mon*eta*
pian*eta*
po*eta*
prof*eta*
segr*eta*

ab**ete**

ari*ete*
pr*ete*
qui*ete*
r*ete*
s*ete*

at**letica**
aritm*etica*
est*etica*
po*etica*

asc**etico**
erm*etico*
ipot*etico*
pat*etico*
soll*etico*

ac**eto**
alfab*eto*
amul*eto*
cric*eto*
decr*eto*
divi*eto*
indiscr*eto*
li*eto*
mansu*eto*
qui*eto*
rip*eto*
segr*eto*
tapp*eto*

di**etro**
m*etro*
Pi*etro*
r*etro*
t*etro*
v*etro*

bacch**etta**
barzell*etta*
bicicl*etta*
cavall*etta*
civ*etta*
cotol*etta*
disd*etta*
etich*etta*
f*etta*
forch*etta*
fr*etta*
motocicl*etta*
polp*etta*
racch*etta*
r*etta*
sa*etta*
sapon*etta*
toel*etta*
vend*etta*

-ettere
(gli infiniti dei
verbi come
ammettere,
rifl*ettere* ecc.)

proi**ettile**
r*ettile*
suppell*ettile*

abi**etto**
aff*etto*
berr*etto*
bigli*etto*
braccial*etto*
cass*etto*
clarin*etto*
conf*etto*
dial*etto*
dirimp*etto*
disp*etto*
fischi*etto*
gabin*etto*
in*etto*
ins*etto*
maled*etto*
minu*etto*
pacch*etto*
p*etto*
pover*etto*
risp*etto*
ross*etto*
son*etto*
t*etto*
uncin*etto*

br**eve**
bucan*eve*
li*eve*
n*eve*
alli*eve*

all**evo**
alli*evo*
long*evo*
Medio*evo*
solli*evo*

ag**evole**
colp*evole*
piac*evole*
ragion*evole*
soci*evole*
sven*evole*

alt**ezza**
amar*ezza*
aspr*ezza*
bass*ezza*
br*ezza*
car*ezza*
cert*ezza*
delicat*ezza*
dolc*ezza*
ebbr*ezza*
fier*ezza*
lent*ezza*
mit*ezza*
p*ezza*
pur*ezza*
ricch*ezza*
sagg*ezza*
tener*ezza*

ol**ezzo**
p*ezzo*
pr*ezzo*
ribr*ezzo*
sp*ezzo*
v*ezzo*

I

ch**i**
chicchirich*í*
cos*í*
gioved*í*
mezzod*í*
pip*í*
salm*í*

agon**ia**
allegr*ia*
allerg*ia*
amnes*ia*
armon*ia*
arp*ia*
asfiss*ia*
bug*ia*
carest*ia*
chicchess*ia*
cortes*ia*
democraz*ia*
diavoler*ia*
ecolog*ia*
econom*ia*
energ*ia*
epidem*ia*
epifan*ia*
eufor*ia*
farmac*ia*
fattor*ia*
foll*ia*
frenes*ia*
furber*ia*
galler*ia*
gelos*ia*
idioz*ia*
iron*ia*
librer*ia*
maestr*ia*
mag*ia*
malatt*ia*
man*ia*
miop*ia*
moneller*ia*
nostalg*ia*
omeopat*ia*
pazz*ia*
peripez*ia*
pirater*ia*
pizzer*ia*
poes*ia*
poliz*ia*
porcher*ia*
prigion*ia*
profez*ia*
psicolog*ia*
puliz*ia*
razz*ia*
salumer*ia*
sinfon*ia*
telepat*ia*
teor*ia*
tintor*ia*
tirchier*ia*
trattor*ia*
utop*ia*
z*ia*
zoolog*ia*

demon**iaco**
idill*iaco*
man*iaco*
zod*iaco*

Il**iade**
mir*iade*
olimp*iade*

-ibile
(i derivati da
verbi come
ud*ibile*,
ammiss*ibile*
ecc.)
fless**ibile**
incred*ibile*
orr*ibile*
poss*ibile*
terr*ibile*

fat**ica**
form*ica*
moll*ica*
ort*ica*
rubr*ica*
vesc*ica*

c**iccia**
m*iccia*
pell*iccia*
sals*iccia*

bist**iccio**
capr*iccio*
r*iccio*
sp*iccio*

ricc**iolo**
scricc*iolo*
spicc*iolo*

al**ice**
attr*ice*
cicatr*ice*
corn*ice*
fel*ice*
nar*ice*
pern*ice*
rad*ice*
tamer*ice*
vern*ice*

dentifr**icio**
edif*icio*
m*icio*
uff*icio*

am**ico**
ant*ico*
Feder*ico*
f*ico*
intr*ico*
lombr*ico*
Ludov*ico*
nem*ico*
ombel*ico*

can**icola**
cavern*icola*
clav*icola*

ed*icola*
grat*icola*

art**icolo**
cun*icolo*
fasc*icolo*
per*icolo*
rid*icolo*
ve*icolo*

cor**rida**
f*ida*
gr*ida*
omic*ida*
sf*ida*
str*ida*

-idere
(gli infiniti dei verbi in *idere* come der*idere* ecc.)

inv**idia**
ins*idia*
L*idia*
perf*idia*

cup**ido**
gr*ido*
l*ido*
n*ido*

fiamm**ifero**
Luc*ifero*
pest*ifero*
sonn*ifero*

diga
lett*iga*
r*iga*
sp*iga*

alter**igia**
batt*igia*
cupid*igia*
ingord*igia*
val*igia*

grigio
l*igio*
lit*igio*
serv*igio*

biglia
bott*iglia*
cav*iglia*
ciglia
conch*iglia*
fam*iglia*
gozzov*iglia*
merav*iglia*
parap*iglia*
past*iglia*
polt*iglia*
tr*iglia*
van*iglia*

app**iglio**
art*iglio*
bisb*iglio*
ciglio
cip*iglio*
con*iglio*
cons*iglio*
f*iglio*
g*iglio*
nav*iglio*
punt*iglio*
ripost*iglio*
t*iglio*

arc**igno**
ben*igno*
c*igno*
gh*igno*
mac*igno*
mal*igno*
ord*igno*
patr*igno*
scr*igno*

ap**rile**
bar*ile*
can*ile*
civ*ile*
cort*ile*
fien*ile*
fuc*ile*
gent*ile*
giovan*ile*
mens*ile*
mon*ile*
porc*ile*
puer*ile*
sott*ile*
v*ile*

Cec**ilia**
mirab*ilia*
mob*ilia*
quisqu*ilia*
vig*ilia*

es**ilio**
mob*ilio*
Virg*ilio*
visib*ilio*

angu**illa**
arg*illa*
camom*illa*
fav*illa*
gor*illa*
l*illa*
pup*illa*
scint*illa*
sib*illa*
sp*illa*
tons*illa*
v*illa*

arz**illo**
bac*illo*
bir*illo*
Cam*illo*
ging*illo*
gr*illo*
mirt*illo*
morb*illo*
sp*illo*
squ*illo*
str*illo*
zamp*illo*

as**ilo**
ch*ilo*
f*ilo*
prof*ilo*

cima
cl*ima*
pr*ima*
r*ima*
st*ima*

becch**ime**
conc*ime*
mang*ime*
reg*ime*
subl*ime*

aspir**ina**
baller*ina*
bedu*ina*
benz*ina*
br*ina*
cab*ina*
cant*ina*
carab*ina*
cartol*ina*
C*ina*
coll*ina*
cuc*ina*
dottr*ina*
fa*ina*
far*ina*
madr*ina*
matt*ina*
medic*ina*
naftal*ina*
pisc*ina*
pratol*ina*
ramanz*ina*
reg*ina*
rov*ina*
sard*ina*
sp*ina*
sterl*ina*
sus*ina*

ar**inga**
lus*inga*
mer*inga*
sir*inga*
str*inga*

-ingere
(gli infiniti dei verbi come f*ingere*, t*ingere* ecc.)

att**inia**
ignom*inia*
rob*inia*
Virg*inia*

abom**inio**
allum*inio*
assass*inio*
condom*inio*
razioc*inio*
scrut*inio*
sterm*inio*

Agost**ino**
alp*ino*
biancosp*ino*
bigod*ino*
bott*ino*
bud*ino*
cardell*ino*
cest*ino*
cret*ino*
crost*ino*
cug*ino*
delf*ino*
div*ino*
fattor*ino*
f*ino*
giard*ino*
grad*ino*
griss*ino*
lat*ino*
mandar*ino*
Mart*ino*
mattut*ino*
mingherl*ino*
moscer*ino*
pan*ino*
penn*ino*
pingu*ino*
porcosp*ino*
pulc*ino*
rub*ino*
scald*ino*
su*ino*
tap*ino*
tomb*ino*
tortell*ino*
trampol*ino*
turch*ino*
unc*ino*
viol*ino*

est**into**
f*into*
giac*into*
labir*into*
qu*into*
rec*into*
sp*into*
v*into*

add**io**
balbett*io*
br*io*
brus*io*
cigol*io*
frusc*io*
io
logor*io*
m*io*
mormor*io*
miagol*io*
mugòl*io*
nat*io*
pend*io*
pigol*io*

rest*io*
ronz*io*
rull*io*
stant*io*
ticchett*io*
tramest*io*
turbin*io*
zio

-ire
(gli infiniti dei verbi come d*ire*)

Casim**iro**
em*iro*
fach*iro*
gh*iro*
giro
pap*iro*
tap*iro*
vamp*iro*
zaff*iro*

nev**ischio**
r*ischio*
v*ischio*

-isco
(le prime persone del presente dei verbi come pun*isco* ecc.)

avv**iso**
conc*iso*
dec*iso*
der*iso*
div*iso*
fiordal*iso*
narc*iso*
parad*iso*
prec*iso*
r*iso*
ucc*iso*
v*iso*

amet**ista**
art*ista*
aut*ista*
Batt*ista*
conqu*ista*
l*ista*
p*ista*

riv*ista*
tepp*ista*
tur*ista*
v*ista*

calam**ita**
cocor*ita*
d*ita*
erem*ita*
fer*ita*
fior*ita*
gita
margher*ita*
mat*ita*
parass*ita*
pep*ita*
usc*ita*
v*ita*

dinam**ite**
l*ite*
m*ite*
ot*ite*
v*ite*

appet**ito**
ard*ito*
assort*ito*
fall*ito*
fer*ito*
fior*ito*
gran*ito*
gua*ito*
infin*ito*
inv*ito*
mar*ito*
m*ito*
prefer*ito*
prur*ito*
pul*ito*
ques*ito*
rugg*ito*
sbigott*ito*
scip*ito*
smarr*ito*
squis*ito*
vag*ito*

d**itta**
dr*itta*
palaf*itta*
sconf*itta*
scr*itta*
sl*itta*
soff*itta*
traf*itta*

capof**itto**
del*itto*
derel*itto*
rel*itto*
sconf*itto*
soffr*itto*

attratt**iva**
comit*iva*
der*iva*
d*iva*
evv*iva*
geng*iva*
locomot*iva*
miss*iva*
offens*iva*
ol*iva*
prospett*iva*
riva
sal*iva*
st*iva*

aperit**ivo**
est*ivo*
furt*ivo*
obbiett*ivo*
preparat*ivo*
rivo
sostant*ivo*
sport*ivo*
superlat*ivo*
televis*ivo*

amic**izia**
avar*izia*
del*izia*
furb*izia*
giust*izia*
immond*izia*
liquir*izia*
mal*izia*
not*izia*
pigr*izia*
sporc*izia*

com**izio**
eg*izio*
giud*izio*
in*izio*
natal*izio*
osp*izio*
palm*izio*
precip*izio*
prop*izio*
serv*izio*
v*izio*

b**izza**
cavaller*izza*
p*izza*
st*izza*

-izzo
(le prime persone del presente dei verbi come anal*izzo* ecc.)
fr*izzo*
ghirib*izzo*
gu*izzo*
indir*izzo*
p*izzo*
sch*izzo*
t*izzo*

O

com**ò**
fal*ò*
n*o*
obl*ò*
oib*ò*
palt*ò*
quiproqu*ò*

autom**obile**
ign*obile*
m*obile*
n*obile*

albic**occa**
b*occa*
ci*occa*
cocca
filastr*occa*

c**occhio**
gin*occhio*
marm*occhio*
occhio
pid*occhio*
Pin*occhio*
ran*occhio*
scarab*occhio*

bisb**occia**
chi*occia*
d*occia*
sacc*occia*

all**occo**
bal*occo*
cocco
fi*occo*
schi*occo*
scir*occo*

anatr**occolo**
bern*occolo*
b*occolo*
coccolo
m*occolo*
z*occolo*

atr**oce**
cr*oce*
fer*oce*
n*oce*
prec*oce*
vel*oce*
v*oce*

cu**oco**
fi*oco*
fu*oco*
gi*oco*
p*oco*
r*oco*
trasl*oco*

c**oda**
m*oda*
pag*oda*
s*oda*

cust**ode**
l*ode*
fr*ode*
pr*ode*

br**odo**
chi*odo*
colabr*odo*
espl*odo*
g*odo*
l*odo*
m*odo*
n*odo*

barb**ogio**
el*ogio*
m*ogio*
orol*ogio*

f**oglia**
s*oglia*
v*oglia*

agrif**oglio**
germ*oglio*
org*oglio*
portaf*oglio*
sc*oglio*
trif*oglio*

car**ogna**
cic*ogna*
f*ogna*
menz*ogna*
r*ogna*
scal*ogna*
verg*ogna*

bu**oi**
n*oi*
p*oi*
su*oi*
v*oi*

b**oia**
gi*oia*
n*oia*
salam*oia*
sequ*oia*
s*oia*
stu*oia*
tett*oia*

avvolt**oio**
cu*oio*
mu*oio*
ras*oio*
serbat*oio*
vass*oio*

aiu**ola**
banderu*ola*
carri*ola*
g*ola*
gorgonz*ola*
lenzu*ola*
museru*ola*
nocci*ola*
scu*ola*
su*ola*
vi*ola*

du**ole**
pr*ole*
s*ole*
vu*ole*

b**olla**
cip*olla*
c*olla*
cor*olla*
f*olla*
m*olla*
sat*olla*
trac*olla*

barc**ollo**
c*ollo*
cr*ollo*
francob*ollo*
mid*ollo*
p*ollo*
ramp*ollo*
scavezzac*ollo*
torcic*ollo*

cetri**olo**
fagi*olo*
figli*olo*
lenzu*olo*
mari*olo*
m*olo*
nocci*olo*
orzai*olo*
p*olo*
ravi*olo*
ru*olo*
s*olo*
su*olo*
usign*olo*
v*olo*

avv**olto**
c*olto*
f*olto*
m*olto*
racc*olto*
sep*olto*
sci*olto*
st*olto*
sv*olto*
t*olto*
v*olto*

ar**oma**
aut*oma*
chi*oma*
dipl*oma*
R*oma*

b**omba**
r*omba*
tr*omba*

col**ombo**
pi*ombo*
r*ombo*
strapi*ombo*

cogn**ome**
c*ome*
n*ome*

at**omico**
c*omico*
econ*omico*

C**omo**
du*omo*
gn*omo*
maggiord*omo*
p*omo*
u*omo*

cor**ona**
marat*ona*
n*ona*
z*ona*

bara**onda**
bi*onda*
fi*onda*
fr*onda*
gr*onda*
onda
sp*onda*

fec**ondo**
girot*ondo*
morib*ondo*
prof*ondo*
rot*ondo*
t*ondo*
tremeb*ondo*
vagab*ondo*

allusi**one**
aquil*one*
aranci*one*
aviazi*one*
balc*one*
bar*one*
bast*one*
caf*one*
calz*one*
ceff*one*
cicci*one*
fif*one*
invenzi*one*
istri*one*
le*one*
lezi*one*
lim*one*
missi*one*
paciocc*one*
pall*one*
passi*one*
peper*one*
ribelli*one*
rivoluzi*one*
sap*one*
sgobb*one*
soluzi*one*
spi*one*
strafalci*one*
stagi*one*
televisi*one*
tim*one*
torr*one*
vag*one*
visi*one*

calz**oni**
cavalci*oni*
ciondol*oni*
macchero*ni*
pantal*oni*
tast*oni*

beg**onia**
col*onia*
fand*onia*
maced*onia*
parsim*onia*
pe*onia*

fisarm**onica**
sard*onica*
t*onica*
Ver*onica*

c**onico**
fara*onico*
ir*onico*
istri*onico*
lac*onico*
malinc*onico*
radiof*onico*
telef*onico*

matrim**onio**
pandem*onio*
patrim*onio*
pinzim*onio*
Sempr*onio*

col**onna**
d*onna*
g*onna*
mad*onna*

n**onno**
s*onno*
t*onno*

bu**ono**
c*ono*
d*ono*
frastu*ono*
pr*ono*
su*ono*
t*ono*
tr*ono*
tu*ono*

bis**onte**
c*onte*
fr*onte*
m*onte*
orizz*onte*
p*onte*
rinocer*onte*

confr**onto**
c*onto*
pr*onto*
t*onto*
tram*onto*

b**onzo**
p*onzo*
r*onzo*
sbr*onzo*
z*onzo*

pi**oppo**
purtr*oppo*
scir*oppo*
z*oppo*

all**ora**
anc*ora*
aur*ora*
dim*ora*
fl*ora*
m*ora*
nu*ora*
sign*ora*
su*ora*

orco
p*orco*
st*orco*

t*orco*

acc**ordo**
bal*ordo*
fi*ordo*
l*ordo*
m*ordo*
ric*ordo*
sc*ordo*
s*ordo*
t*ordo*

am**ore**
ascens*ore*
att*ore*
aut*ore*
aviat*ore*
bagli*ore*
bruci*ore*
clam*ore*
col*ore*
cu*ore*
dol*ore*
dott*ore*
edit*ore*
err*ore*
fav*ore*
fi*ore*
fur*ore*
impost*ore*
lett*ore*
mal*ore*
migli*ore*
min*ore*
od*ore*
on*ore*
orr*ore*
pall*ore*
pescat*ore*
pitt*ore*
pud*ore*
ranc*ore*
rapit*ore*
rodit*ore*
ross*ore*
scritt*ore*
splend*ore*
squall*ore*
stup*ore*
sud*ore*
televis*ore*
tim*ore*
truffat*ore*
um*ore*
usurpat*ore*
l*ore*

bald**oria**
b*oria*
gl*oria*
mem*oria*
st*oria*
vitt*oria*

av**orio**
not*orio*
orat*orio*
purgat*orio*
repert*orio*
udit*orio*

f**orma**
n*orma*
orma
t*orma*

ad**orno**
cont*orno*
c*orno*
f*orno*
gi*orno*
rit*orno*
unic*orno*

all**oro**
capolav*oro*
cast*oro*
f*oro*
lav*oro*
m*oro*
oro
pomod*oro*
son*oro*
tes*oro*
t*oro*

b**orsa**
c*orsa*
ris*orsa*

corso
d*orso*
m*orso*
orso
s*orso*

p**orta**
sc*orta*
t*orta*

c**orte**
f*orte*
pianof*orte*

s*orte*

aerop**orto**
ass*orto*
cascam*orto*
conf*orto*
c*orto*
m*orto*
orto
p*orto*
st*orto*
t*orto*

c**osa**
gazz*osa*
i*osa*
mim*osa*
p*osa*
pr*osa*
r*osa*
sp*osa*

b**osco**
chi*osco*
f*osco*
l*osco*

f**ossa**
m*ossa*
ossa
sc*ossa*

col**osso**
f*osso*
gr*osso*
pettir*osso*
prom*osso*
r*osso*

app**osta**
arag*osta*
bat*osta*
cr*osta*
p*osta*
risp*osta*
s*osta*

ag**osto**
arr*osto*
comp*osto*
c*osto*
nasc*osto*
p*osto*
t*osto*

inchi**ostro**
m*ostro*
n*ostro*

car**ota**
g*ota*
idi*ota*
pil*ota*
qu*ota*
ru*ota*
tr*ota*

ign**oto**
m*oto*
nu*oto*
ostrog*oto*
terrem*oto*

b**otta**
Carl*otta*
gr*otta*
l*otta*
marm*otta*
pagn*otta*
ric*otta*

can**otto**
d*otto*
ghi*otto*
ling*otto*
l*otto*
otto
polizi*otto*
ris*otto*
r*otto*
s*otto*

r**ovo**
sc*ovo*
tr*ovo*
u*ovo*

carr**ozza**
p*ozza*
r*ozza*
tavol*ozza*
z*ozza*

m**ozzo**
p*ozzo*
predic*ozzo*
r*ozzo*

U

bamb**ú**
bl*u*
cuc*ú*
giovent*ú*
frufr*ú*
gi*ú*
gn*u*
gr*u*
laggi*ú*
lass*ú*
marab*ú*
ors*ú*
Per*ú*
pi*ú*
rag*ú*
schiavit*ú*
servit*ú*
su
tab*ú*
trib*ú*
tu
virt*ú*
zeb*ú*
zul*ú*

carr**uba**
r*uba*
t*uba*

insol**ubile**
n*ubile*
sol*ubile*
vol*ubile*

d**ubito**
s*ubito*

b**uca**
d*uca*
L*uca*
n*uca*
samb*uca*
verr*uca*

m**ucca**
parr*ucca*
z*ucca*

m**ucchio**
ris*ucchio*
succhio
vil*ucchio*

bert**uccia**
b*uccia*
cann*uccia*
c*uccia*

gr*uccia*

acc**uccio**
ast*uccio*
cant*uccio*
capp*uccio*
corr*uccio*
cr*uccio*
l*uccio*
sbert*uccio*
sb*uccio*

bac**ucco**
calm*ucco*
mammal*ucco*
pil*ucco*
succo
st*ucco*
tr*ucco*

cuce
d*uce*
l*uce*
tr*uce*

lucido
tr*ucido*

br**ucio**
ci*ucio*
cr*ucio*
cucio

br**uco**
b*uco*
cad*uco*
ci*uco*
ded*uco*
imb*uco*
prod*uco*
sed*uco*
trad*uco*

carr**ucola**
rucola

-udere
(le forme
verbali
come
all*udere*,
chi*udere* ecc.)

abit**udine**
altit*udine*
beatit*udine*
gratit*udine*
inc*udine*
latit*udine*
longit*udine*
solit*udine*
moltit*udine*

prel**udio**
rip*udio*
st*udio*
trip*udio*

all**udo**
chi*udo*
concl*udo*
cr*udo*
del*udo*
den*udo*
el*udo*
escl*udo*
ill*udo*
n*udo*
pr*udo*
sc*udo*
sudo

ambed**ue**
b*ue*
d*ue*

bar**uffa**
b*uffa*
m*uffa*
tr*uffa*
z*uffa*

acci**uffo**
azz*uffo*
b*uffo*
cam*uffo*
ci*uffo*
sb*uffo*
tr*uffo*
t*uffo*

gufo
st*ufo*
tart*ufo*
ufo

acci**uga**
bagnasci*uga*
f*uga*
latt*uga*
r*uga*
tartar*uga*

f**ugge**
m*ugge*
r*ugge*

lan**uggine**
m*uggine*
r*uggine*
test*uggine*

archib**ugio**
gratt*ugio*
ind*ugio*
pert*ugio*
rif*ugio*
seg*ugio*
sotterf*ugio*

guglia
patt*uglia*
P*uglia*

cesp**uglio**
farf*uglio*
garb*uglio*
guazzab*uglio*
intr*uglio*
l*uglio*
misc*uglio*
patt*uglio*
rimas*uglio*
subb*uglio*
taffer*uglio*

pr**ugna**
sp*ugna*

esp**ugno**
gi*ugno*
gr*ugno*
imp*ugno*
pr*ugno*
rip*ugno*

asci**ugo**
fr*ugo*
sugo
traf*ugo*

altr**ui**
cost*ui*
col*ui*
f*ui*
l*ui*

allel**uia**
gattab*uia*

circ**uito**
fort*uito*
grat*uito*
int*uito*

ba**ule**
grembi*ule*

bet**ulla**
c*ulla*
fanci*ulla*
maci*ulla*
nonn*ulla*
n*ulla*
trast*ulla*

br**ullo**
citr*ullo*
fanci*ullo*
fr*ullo*
gr*ullo*
r*ullo*
trast*ullo*

culmine
f*ulmine*

esp**ulso**
ins*ulso*

ad**ulto**
catap*ulto*
cons*ulto*
es*ulto*
ins*ulto*
m*ulto*
occ*ulto*
ris*ulto*
sing*ulto*
suss*ulto*
tum*ulto*
virg*ulto*

br**uma**
pi*uma*
p*uma*
schi*uma*
sp*uma*

ac**ume**
agr*ume*
alb*ume*
barl*ume*
cost*ume*
dolci*ume*
fi*ume*
impl*ume*
leg*ume*
l*ume*
n*ume*
sal*ume*
vol*ume*

ill**umino**
r*umino*

cons**umo**
f*umo*
gr*umo*
prof*umo*
riass*umo*
sf*umo*
spi*umo*

br**una**
cr*una*
c*una*
d*una*
fort*una*
lac*una*
lag*una*
l*una*
trib*una*

-ungere
(i verbi come
f*ungere*,
gi*ungere* ecc.)

all**ungo**
bisl*ungo*
f*ungo*
gi*ungo*
l*ungo*
p*ungo*
ungo

pec**unia**
pet*unia*

com**unico**
p*unico*
unico

br**uno**
cada*uno*
ciasc*uno*
digi*uno*
import*uno*
ness*uno*
ogn*uno*
pr*uno*

rad*uno*
uno

comp**unto**
def*unto*
raggi*unto*
riass*unto*
trap*unto*
unto

c**upo**
dir*upo*
l*upo*
p*upo*
sci*upo*

scial**uppa**
tr*uppa*
z*uppa*

gr**uppo**
inz*uppo*
svil*uppo*
z*uppo*

addiritt**ura**
agricolt*ura*
alt*ura*
andat*ura*
apert*ura*
armat*ura*
brav*ura*
catt*ura*
cavalcat*ura*
cens*ura*
cint*ura*
claus*ura*
confett*ura*
congi*ura*
cott*ura*
c*ura*
disinvolt*ura*
dismis*ura*
d*ura*
fess*ura*
fig*ura*
fiorit*ura*
fritt*ura*
giunt*ura*
impost*ura*
ingessat*ura*
insenat*ura*
[illegible]*ttura*
[illegible]*ra*
nat*ura*
ossat*ura*
pa*ura*
pian*ura*
pitt*ura*
proc*ura*
punt*ura*
quest*ura*
rott*ura*
scalfitt*ura*
sciag*ura*
seccat*ura*
serrat*ura*
sic*ura*
stat*ura*
svent*ura*
tint*ura*
tort*ura*
vent*ura*
verd*ura*
vett*ura*

dist**urbo**
f*urbo*
t*urbo*

epp**ure**
nepp*ure*
opp*ure*
p*ure*
sc*ure*

ang**uria**
bell*uria*
f*uria*
inc*uria*
ingi*uria*
pel*uria*
pen*uria*

aug**urio**
inf*urio*
ingi*urio*
merc*urio*
tug*urio*

b**urlo**
chi*urlo*
urlo

di**urno**
nott*urno*
Sat*urno*
tacit*urno*
t*urno*

assic**uro**
avvent*uro*
cang*uro*
catt*uro*
c*uro*
d*uro*
durat*uro*
fig*uro*
fut*uro*
gi*uro*
mat*uro*
mis*uro*
m*uro*
ott*uro*
pag*uro*
p*uro*
scongi*uro*
sil*uro*
tamb*uro*
tort*uro*
trasc*uro*
vent*uro*

azz**urro**
b*urro*
buzz*urro*
cim*urro*
suss*urro*

acc**usa**
bl*usa*
camb*usa*
cornam*usa*
f*usa*
ipoten*usa*
med*usa*
m*usa*
rinf*usa*
sc*usa*

br**usca**
cr*usca*

fr**uscio**
g*uscio*
uscio

br**usco**
b*usco*
corr*usco*
etr*usco*
moll*usco*

corp**uscolo**
crep*uscolo*
mai*uscolo*
min*uscolo*
m*uscolo*
op*uscolo*

ann**uso**
astr*uso*
cam*uso*
chi*uso*
circonf*uso*
del*uso*
diff*uso*
escl*uso*
ill*uso*
intr*uso*
m*uso*
ott*uso*
recl*uso*
sc*uso*
soff*uso*

b**usso**
infl*usso*
l*usso*
r*usso*

b**usta**
fr*usta*
gi*usta*
loc*usta*
mang*usta*

b**usto**
disg*usto*
fr*usto*
f*usto*
gi*usto*
rob*usto*
tramb*usto*
vet*usto*

ill**ustre**
lac*ustre*
pal*ustre*

cad**uta**
cic*uta*
m*uta*
sprem*uta*
t*uta*

ac**uto**
ai*uto*
arg*uto*
assol*uto*
ast*uto*
baff*uto*
barb*uto*
biforc*uto*
can*uto*
cocci*uto*
corn*uto*
irs*uto*
li*uto*
m*uto*
oss*uto*
paff*uto*
panci*uto*
ricci*uto*
rifi*uto*
spar*uto*
starn*uto*
sven*uto*
vell*uto*

comb**utta**
fr*utta*
pastasci*utta*

br**utto**
b*utto*
deb*utto*
distr*utto*
farab*utto*
fl*utto*
fr*utto*
l*utto*
prosci*utto*
t*utto*

dil**uvio**
effl*uvio*
pedil*uvio*

arg**uzia**
ast*uzia*
min*uzia*

merl**uzzo**
p*uzzo*
rint*uzzo*
spr*uzzo*
str*uzzo*

p**uzzola**
r*uzzola*

coc**uzzolo**
gr*uzzolo*
min*uzzolo*